TB Joshua
Dienaar van God

TB Joshua

Dienaar van God

Gary & Fiona Tonge

En Gedi Publishing
Verenigd Koninkrijk

TB Joshua — Dienaar van God

Copyright © 2021 van Gary & Fiona Tonge. Alle rechten voorbehouden.

Afbeeldingen en preeknotities zijn gebruikt met de toestemming van profeet T.B. Joshua. Alle rechten voorbehouden.

De bijbeltekst in deze uitgave is ontleend aan de Bijbel in de Herziene Statenvertaling, © Stichting HSV 2010.

Niets in dit boek is bedoeld om iemand te ontmoedigen een medische diagnose of behandeling te zoeken.

Eerste Nederlandse uitgave — juli 2023

ISBN 978-1-9168991-8-6

En Gedi Publishing Ltd
Union House, 111 New Union Street
Coventry CV1 2NT

www.tbjservantofgod.com

.

" *Ik heb dit boek van A tot Z gelezen. Ik heb ervan genoten.*
Een zeer interessant boek. Het kost niet veel tijd om het te lezen.
Wat dit boek betreft is er niets buiten mij om gegaan. Het is het lezen waard. "
(20 april 2021)

AANBEVELING
van **T.B. Joshua**

Inhoud

	Voorwoord	
EEN	Dit is het!	1
TWEE	Leven na leven	19
DRIE	Wie is als mijn Jezus?	37
VIER	Naar de natiën	61
VIJF	Het leven is een slagveld	89
ZES	God kan elk medium gebruiken	117
ZEVEN	De profeet op de berg	143
ACHT	Een man van het volk	167
NEGEN	De snelweg naar de Hemel	199
TIEN	Nawoord	207

Voorwoord

Op 20 april 2021 maakte T.B. Joshua de video-opname van de aanbeveling voor **TB Joshua – Dienaar van God** op de SCOAN Gebedsberg, de plaats waar hij zoveel van zijn tijd doorbracht om God in gebed te zoeken.

Een aantal weken daarna op 5 juni 2021, kwam hij de gebedstuin binnen en richtte hij zich tot hen die op hem aan het wachten waren en tot de Emmanuel TV kijkers met wat zijn laatste aansporing zou zijn.

> Ik wil jullie bedanken voor jullie tijd en het hart dat jullie hebben voor Jezus.

> Er is voor alles een tijd, een tijd om hier te komen en een tijd om terug naar huis te gaan na het dienen.

Hij bemoedigde iedereen, citerend uit het boek Mattheüs 26:41: *Waak en bid.*

De gebedstuin verlatend werd T.B. Joshua, op de leeftijd van 57 jaar, vervolgens snel naar huis geroepen om bij de Heere te zijn.

Aanwezigen vertelden dat ze die middag engelen hadden gezien die de gebedstuin bezochten.

Hij had de race goed beëindigd en zijn aardse opdracht was volbracht.

Terwijl het nieuws van zijn heengaan zich als een lopend vuurtje over de digitaal verbonden wereld verspreidde, begonnen de eerbetuigingen binnen te stromen uit alle landen en talen, zowel van hen die het voorrecht hadden gehad om hem persoonlijk te ontmoeten als van de velen die hem alleen door middel van het medium Emmanuel TV hadden ontmoet.

Eerbewijzen kwamen vanuit kantoren van presidenten, waaronder die van de huidige president van Nigeria, voormalige presidenten, staats-gouverneurs in Nigeria, en van regeringsfunctionarissen van andere naties, beroemde musici en acteurs, journalisten, en topsporters.

Van over het gehele continent Afrika werden zijn prestaties als een internationale vredestichter door zittende presidenten uit onder meer Zuid Soedan en Liberia officieel erkend. En zij gaven aan dat het een verlies was voor het christendom over de gehele wereld, en vooral voor Afrika.

Talloze individuen dachten terug aan hoe hij hen leerde om lief te hebben, hoe te vergeven, en het belang om de heilige Bijbel (het Woord van God) de standaard voor hun levens te maken. Zoals een kijker uit Rusland opmerkte: "God gaf een geestelijke revolutie door middel van Zijn vat profeet T.B. Joshua, die de wereld van christenen verandert in hun denken en harten."

T.B. Joshua liet een erfenis achter van dienstbaarheid en offers aan Gods Koninkrijk die voortleeft voor nog ongeboren generaties. In zijn eigen woorden:

> "Eén leven voor Christus is al wat we hebben; één leven voor Christus is zo dierbaar."

Dit is het!

Met onze monden wijd open van verbazing stonden we in de grote overdekte arena. We zagen voor onze ogen een scène zoals die voorkomt in de Evangeliën van de Bijbel. Dit was geen film; dit was echt.

"In de machtige Naam van Jezus Christus!"

Overal in het auditorium begonnen mensen te reageren terwijl het gebed van gezag werd uitgesproken. Zij die werden onderdrukt door negatieve en satanische geesten konden niet ontsnappen, de duisternis in hen werd blootgesteld en was voor iedereen duidelijk te zien. Mensen schreeuwden en rolden met hun ogen, vielen op de grond en kronkelden over de vloer. Zij met krukken en in rolstoelen stonden op terwijl het gebed van geloof werd voortgezet. Ze liepen, hun kracht nam toe met elke stap.

Massagebed in Singapore

"Degenen onder jullie die weinig geloof hebben, Ik zal voor jullie bidden dat jullie geloof genoeg zal zijn", was het gebed dat echode. Het was een moment van het goddelijke. Het was alsof je Jezus aan het werk zag, en vanaf toen, overal waar we de beeldopname van die gebeurtenis lieten zien, vonden er wonderen plaats. Jaren later bijvoorbeeld in een evangelische straatsamenkomst in een achterbuurt in de binnenstad van Lahore in Pakistan, waar de video werd geprojecteerd op een scherm aan de overkant van de straat, ontvouwde zich dezelfde scène en het blinde oog van een vrouw werd geopend.

Enige jaren later tijdens een andere samenkomst die werd gehouden in het grootste voetbalstadion van Latijns-Amerika met zijn steile hoge zijkanten; waren er overal waar je kon kijken mensen uit alle lagen van de bevolking die instant wonderen ervaarden terwijl het gebed door de arena weergalmde.

Crusade met T.B. Joshua in Mexico

Er werd hen niet gevraagd om te betalen om het machtige stadion binnen te komen en er werd ook niet verwacht dat ze iets zouden kopen. Terwijl ze getuigen waren van Gods bovennatuurlijke werk en van het effect van het massagebed in heel het stadion; welde het koorgezang *Cristo Vive* (Christus leeft) spontaan op.

De scènes kwamen uit het Nationaal Overdekte Stadion in Singapore in 2006, en het Aztek Stadion in Mexico-Stad in 2015, en de biddende pastor was een man genaamd T.B. Joshua.

Wie is deze Jezus in Wiens machtige Naam het gebed werd gebeden met het waarneembare resultaat dat de gekwelden werden genezen en de onderdrukten bevrijd? Hij is de Zoon van God, Degene die Zijn bloed aan het kruis heeft vergoten voor onze zonden en door Wiens wonden wij zijn genezen.

T.B. Joshua in 2003

Wie was deze man T.B. Joshua die het woord en het gezag van Jezus Christus proclameerde? Waar kwam de kracht vandaan om zo'n indrukwekkende impact te maken zonder sensatie, zonder hysterie?

Waarom waren wij aanwezig, een conservatief Brits professioneel koppel van middelbare leeftijd afkomstig uit een typische Engelse

Dit is het

kathedraalstad. Hoe kwam het dat we betrokken waren geraakt met deze controversiële beweging van God?

Gods ontvouwende bedoeling

"In het hart van de mens zijn veel plannen, maar de raad van de HEERE die houdt stand." (Spreuken 19:21)

> "Als God Almachtig zijn plan in onze levens uitvoert, ontwerpt en regelt hij ook gebeurtenissen die zich blijven ontvouwen totdat Zijn bedoeling in onze levens is onthuld."[1]

Een 'gouden draad' van Gods bedoeling die was geweven door onze levensgeschiedenissen zou zichtbaar worden. Vele jaren eerder, voordat we elkaar hadden ontmoet, zouden we onze ervaring van de realiteit van Jezus hebben in dezelfde maand van hetzelfde jaar (mei 1973), hoewel onze paden zich de komende 5 jaar nog niet zouden kruisen. Zo zou onze reis samen starten naar onze goddelijke bestemming en onze connectie met T.B. Joshua.

Na deel te hebben genomen aan vele conferenties, bijeenkomsten en grote christelijke samenkomsten over de hele wereld, na de ontwikkeling gezien te hebben van christelijke video's en diverse hulpmiddelen voor het Evangelie zoals de Alpha cursus, en na honderden boeken te hebben gelezen, was het nu 'tijd'. Het was tijd dat onze gebeden beantwoord zouden worden op een manier en wijze die we niet hadden verwacht. Dit zou ons meenemen op een reis zowel aan de binnenkant als aan de buitenkant waardoor we de Naam Jezus verheerlijkt zouden zien en ons zou voortstuwen in de toekomst die God voor ons had bereid.

Onze beide levens waren al volledig gevuld. Naast zijn ontluikende carrière in de regelgevende en engineering kant van onafhankelijke televisie-uitzendingen, was Gary ook een 'lekenprediker' in onze lokale kerk. Fiona was betrokken bij liefdadigheid en kerkactiviteiten, zorgend voor de familie, en hield 'open huis' voor een bonte selectie aan huisgasten. De levens van onze nog studerende kinderen werden ook diep geraakt.

---

[1] Dit is een citeerbaar citaat van T.B. Joshua. In de rest van het boek zijn dergelijke citaten herkenbaar door het gebruik van dezelfde inspringende regel.

En zij begonnen hun individuele reizen naar hun bestemmingen.

De lokale reputatie van profeet T.B. Joshua's krachtige genezings- en bevrijdingsbediening was in de jaren 90 gegroeid. Eerst door mond-op-mond reclame en daarna door videoclips die op lokale Nigeriaanse televisiezenders werden uitgezonden.

In één van de videoclips was er een man die een verschrikkelijke zwerende wond tussen zijn billen had (anuskanker). Hij was niet in staat om te zitten en kon zelfs niet fatsoenlijk eten. Zijn situatie verslechterde en hij was aan de kant van de weg gedumpt. Een vriendelijke 'goede Samaritaan' vond een manier om hem naar T.B. Joshua's kerk te brengen genaamd the Synagogue, Church Of All nations (SCOAN). Daar ontving hij het gebed van geloof dat hem introduceerde aan de genezer, Jezus Christus. En zoals T.B. Joshua vaak herhaalde:

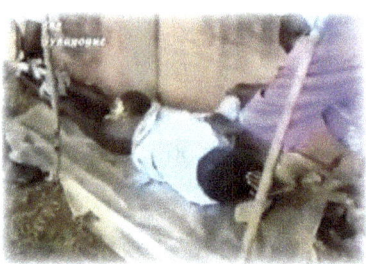
Man die lijdt aan anuskanker

Getuigenis volgend op zijn wonderlijke genezing

"Ik ben niet de genezer. Ik ken enkel de genezer, Zijn Naam is Jezus Christus!"

Na het gebed en onder de invloed van de Heilige Geest, genas de wond op wonderbaarlijke wijze. De man gaf zijn getuigenis in een kamer met Westerse geïnteresseerden, en het geheel werd toegevoegd op de VHS-verzamelband 'Divine Miracles 5'. Enthousiaste bezoekers van de kerk namen kopieën mee naar huis om rond te laten gaan.

En zo druppelde via Zuid-Afrikaanse pastors die Nederland bezochten het nieuws over wat God aan het doen was in het leven van Profeet T.B. Joshua Europa binnen, en vandaaruit naar ons kleine stille stadje Winchester in Engeland. Een pastor die wij kenden die de SCOAN al meerdere malen had bezocht was deel van ons kerkelijk relatienetwerk. Zij nam een vriend van onze kleine kerk mee om de SCOAN te bezoeken. Hij bracht een aantal videobanden mee terug en één ervan was:

Dit is het

'Divine Miracles 5' met daarin de man die van anuskanker was genezen.

In februari 2001, na zijn bezoek aan de SCOAN in Lagos, kwam deze vriend naar onze kerkdienst, stond op en groette, 'Emmanuel!' hetgeen betekent: 'God met ons!'. Aandachtig luisterend, werd binnenin Fiona onmiddellijk iets op scherp gesteld. Er zat kracht in dat woord!

We namen deel aan een korte maandelijkse bijeenkomst voor leidinggevenden. Onze pastor die altijd op zoek was naar meer bewijs van authentiek christendom was dolenthousiast over de video's die uit de SCOAN waren meegebracht. In de bijeenkomst waar we dachten dat er zoveel dringende zaken waren te bespreken zei hij dat we deze video's moesten bekijken, want als die waarachtig waren dan waren die heel belangrijk. Hij was diep geraakt en had zich gerealiseerd dat dit veel belangrijker was dan onze leiderschapsbijeenkomst.

We keken in verwondering naar het schudderige camerawerk, maar we werden geraakt door zowel de houding van onze pastor als door de video's zelf. Die avond zaaide God een zaad in onze harten. We zijn God dankbaar voor de prioriteit die onze pastor gaf aan het machtige wonder en aan het Bijbels onderwijs over de Heilige Geest op één van de 'goddelijke leringen' video's.

We hadden iets gezien en ten opzichte van God hadden we nu geen excuus! We hadden een buitengewoon wonder in Bijbelse stijl gezien dat was vastgelegd op video, iets dat had aangetoond dat:

> "Het tijdperk van wonderen niet voorbij is gegaan. De Wonderdoener leeft nog steeds – Zijn Naam is Jezus Christus!"

Terugkijkend was dit Gods antwoord op onze gebeden - het wees op een feitelijke (niet theoretisch of streven naar) mogelijkheid voor de vervulling van onze dromen om de Naam van Jezus verheerlijkt te zien in opwekking.

> "Je grootste kansen en uitdagingen komen onaangekondigd."

De SCOAN beleven

Gary's eerste bezoek

Vanaf het vliegveld schudde de kerkbus heen en weer over onafgewerkte wegen en begon soms, alsof het was om de reis nog spannender te maken, naar de verkeerde kant van de weg te bewegen, recht tegen het verkeer in. De chauffeur ging hier met een koele nonchalance mee om, alsof het onderdeel was van een gewone werkdag.

Lokale scène in Lagos (2001)

Dit was mijn initiële bezoek aan Nigeria en de SCOAN, en ook al had mijn buurvrouw in het vliegtuig mij gewaarschuwd om daar niet naartoe te gaan, ik was vastbesloten om een open houding te houden.

Onderweg passeren we vele kerken en moskeeën en zien we de mensenmassa op de straten die onderdeel zijn van het leven in Lagos, en zo arriveren we bij de kerk.

Het altaar was waar mensen gingen bidden en het was cultureel anders dan de moderne westerse protestantse kerken

Het SCOAN altaar in 2001

waarmee ik bekend was, waar de nadruk meer op de aanbiddingsruimte ligt. Een slaapzaal en ander voedsel waren onderdeel van het pakket, maar terwijl ik in het warme heiligdom zat met mijn Bijbel waren er twee vragen in mijn gedachten. Ik had bij mijn kritische buurvrouw in het vliegtuig aangegeven dat ik zou onderzoeken of de Naam van Jezus werd verhoogd en hoe de houding ten aanzien van zonde was. Dit bleken de twee meest opmerkelijke kenmerken van het bezoek te zijn. De Naam van Jezus stond centraler dan ik ooit had gezien, en de zinsnede "zondig niet meer" was niet alleen een motto maar weerspiegelde een authentieke toewijding.

Het publiekelijk belijden van zonden had een grote impact op mij. Eén van

Dit is het

mijn mede groepsleden was een voormalig drugsverslaafde die was meegetrokken in een paramilitaire groep in Noord-Ierland. Zijn bevrijding van boze geesten tijdens de dienst in de SCOAN was indrukwekkend, en zijn belijdenis deed haren te berge rijzen. Maar toch, iets raakte me diep met betrekking tot de standaard introductie die bij iedere bekentenis werd gegeven door een van de evangelisten. "Alleen God Almachtig kan bepalen of de ene zonde groter is dan de andere", mijn hart werd doorboord toen hij deze woorden sprak. Hoe zit het met mijn 'verborgen' zonde? Wie zou kunnen zeggen wat ik zou hebben gedaan als mij het lot was toebedeeld dat deze broeder had ontvangen, of wat hij had gedaan als hij in mijn schoenen had gestaan?

De Heilige Geest had me ervan overtuigd dat ik hypocriet en 'religieus' was geworden. Later, tijdens een persoonlijke ontmoeting met profeet T.B. Joshua, maakte hij een aantal notities in een onbekende taal, en overhandigde mij een belofte uit de Schrift om op te mediteren. Ik herinner me de woorden van die belofte – Psalm 32:5, "Hij vergaf de schuld van mijn zonde" – die tekst brandde op bovennatuurlijke wijze in mijn hart terwijl ik in berouw bij het altaar zat.

De terugkomst naar ons vredige Engelse platteland met groen gras en Friese koeien, en naar al de versierselen van het middenklas leven in een ontwikkeld land in vredestijd, was in sterk contrast met hetgeen ik had gezien. Ik had gezien dat de Naam Jezus werd verhoogd, ik had de machtige hand van God aan het werk gezien, en ik had mijn eerste liefde voor Jezus Christus opnieuw ontdekt.

Fiona's eerste bezoek

Fiona die thuis aan het wachten was pikt het verhaal verder op.

Ik ontving een telefoontje vanaf het vliegveld. "Dit is het - dit is hetgeen waarvoor we gebeden hebben - genezing, bevrijding, doorbraak, gezag over boze geesten, liefde voor het Woord van God en bovenal, een oprechte haat voor zonde." Nu was het mijn beurt. Een aantal weken later, kort nadat de wereld was opgeschud door de terroristische aanval van 9/11, en met enige huiver, stapte ik in het vliegtuig naar dit nieuwe continent. Het delen van een slaapzaal met

Soldaat die genezing ontvangt in de SCOAN in 2001

uitbundige Australiërs, het kijken naar genezings-en onderwijsvideo's totdat mijn achterwerk pijn deed, en het ervaren van de blootstelling aan de zalving van de Heilige Geest leidde tot een uitdagende, oncomfortabele, en opwindende tijd. Er ontwikkelde zich in mij een groot zondebesef, en dit leidde tot berouw over mijn zonde en hardheid van hart.

Tijdens het gebed in de gebedsrij kwam er een warm gevoel over mijn nek en ik realiseerde me dat ik was genezen. Als 19-jarige verpleegster in opleiding had ik tijdens het werk letsel opgelopen dat rug-en nekpijn veroorzaakte. Hiervoor had ik soms medicatie en een neksteun nodig. Ik leed ook al vele jaren aan terugkerende slapeloosheid, waardoor ik soms slechts 2 uur geslapen had voordat ik de kinderen klaarmaakte om naar school te gaan. Dit zou allemaal tot het verleden gaan behoren. Met een zondebesef dat wederom brandde in mijn hart op het niveau van een opwekking, wachtte ik om het kleine kantoortje binnen te gaan voor mijn korte afspraak met TB Joshua. Ik zag hem met mijn ogen, maar ik 'zag' hem niet. De gewaarwording van God was iets dat je éénmaal ervaart en nooit vergeet. Het deed me terugdenken aan die grote dag toen ik 17 jaar oud was, toen ik had gereageerd op een uitnodiging van het Evangelie (oproep tot bekering) in een formele baptistenkerk. Toen de pastor naar me toe kwam om mij de hand te schudden, zag ik hem niet, maar in plaats daarvan zag ik een visioen van Jezus die naar mij lachte.

Menigten buiten de SCOAN in 2001

Dit was dezelfde gewaarwording maar dan diepgaander, moeilijk uit te leggen aangezien er geen woorden werden gesproken. Ik zag een apostel zoals die in de Bijbel voorkomen, één die de grotere werken deed zoals Jezus had gezegd dat allen die in hem geloven zouden doen. Ik was in staat om binnenin hem iets van het vermogen van Jezus te zien.

> "Jezus Christus beschreef de Heilige Geest als stromen van levend water, die vanuit het binnenste van gelovigen zou stromen om te voorzien in de noden van anderen."

Die dag zag ik dit gebeuren. Onderweg naar huis in het vliegtuig waren continu

Dit is het

deze twee liedjes in mijn gedachten die in de SCOAN werden gezongen:

> *Mijn leven, ik zal God mijn leven geven. Als ik God mijn leven geef, zal Hij voor mij zorgen. Hij zal mij nooit teleurstellen; Ik zal God mijn leven geven.*
>
> *Wie is als mijn Jezus, wie is als mijn Heere?*

Gary en ik waren in één geest toen hij me ophaalde bij de Heathrow luchthaven, en vanaf toen zou het leven nooit meer hetzelfde zijn. Dit Bijbelvers kwam steeds in mijn gedachten,

"Maar uw ogen zijn zalig omdat zij zien, en uw oren omdat zij horen. Want voorwaar, Ik zeg u dat veel profeten en rechtvaardigen verlangd hebben te zien wat u ziet, en zij hebben het niet gezien, en te horen wat u hoort, en zij hebben het niet gehoord." (Mattheus 13:16–17)

We waren ons inderdaad bewust van deze zegen .

Het millennium

Bij de overgang van 1999 naar het nieuwe millennium, nog voordat we de naam T.B. Joshua ooit hadden gehoord, hadden we onze familie meegenomen naar het buitenland voor een kerkdienst in Toronto in Canada, gevolgd door drie dagen les in een Bijbelschool. Op nieuwjaarsdag 2000 tijdens één van de studiedagen op de Bijbelschool, sprak Guy Chevreau over het onderwerp opwekking en zei toen drie dingen die ons zijn bijgebleven:

1. Het zal er niet zo uitzien zoals je denkt.

2. Er is meer gaande in de hemelse gewesten dan dat jij jezelf nu kan inbeelden.

3. De vervulling van alles waarvoor je nu aan het bidden bent, vereist een grotere mate van het afleggen van je leven dan waar jij je nu goed bij voelt.

Het was slechts zes maanden later dat we voor het eerst ontdekten wat God aan het doen was door middel van het leven van zijn dienaar T.B. Joshua. Zo kwamen we achter de waarheid van deze eenvoudige uitspraken.

Een aantal jaren daarna hadden we de mogelijkheid om Guy Chevreau te ontmoeten toen hij sprak in een kerk in Engeland en konden we hem persoonlijk vertellen hoe belangrijk die boodschap voor ons was geweest.

CHRISTEN ZIJN IS GEEN RELIGIE

"Hoe gedraag jij je thuis, of op de markt?" Met een warm maar serieus gelaat sprak de man van God de samenkomst toe. De preek over het lijken op Christus in een van onze vroegere bezoeken sprak direct tot eenieder van ons die luisterde. Christen zijn is niet een religie, maar een relatie met Jezus Christus die onze manier van leven behoort te beïnvloeden.

T.B. Joshua prekend in 2002

"Velen zijn christen door het openbaar afleggen van een gelofte, maar niet in het hart. Want de daden die voortkomen vanuit de gedachten in de binnenkamer onthullen een andere god, iets of iemand die we boven God hebben geplaatst."

Vanaf de begindagen toen we voor het eerst in Jezus geloofden, toen we de Bijbel lazen alsof ons leven ervan afhing en een eenvoudiger geloof hadden, waren we nu meer 'professioneel' geworden. We kenden het correcte taalgebruik en hoe we ons goed konden voorbereiden op allerlei christelijke activiteiten, maar waren onze harten dichter naar God gegroeid of juist verder weg?

> "Het voornaamste van het christen zijn is niet het werk dat we doen, maar de relatie die we onderhouden en de atmosfeer die deze relatie voortbrengt."

Het mag dan mogelijk zijn om door zorgvuldig voorbereid gedrag indruk te maken op mensen, maar de ware ik daarachter is degene waar God in geïnteresseerd is. Zoals T.B. Joshua het in een meer recente boodschap weergaf:

> "Wat je in het geheim doet is wat jou openlijk zal antwoorden. Er is geen ingekorte weg naar geestelijke volwassenheid. We worden geestelijk gemaakt door in het Woord te leven en door het Woord

dat in ons leeft."

We kwamen tot het besef dat ons geloof over het gered zijn gevaar liep om af te drijven in iets conceptueels in plaats van praktisch. Maar zoals T.B. Joshua zegt:

> "Alleen jouw karakter kan getuigen van de oprechtheid van je belijdenis van Christus".

We moeten niet alleen met de mond belijden maar ook geloven in het hart, en dat geloof in het hart wordt geuit in ons karakter en de kleine dingen die we dagelijks doen, niet in het verstandelijk instemmen met correcte doctrine of feiten over Jezus. De nieuwe geboorte is niet uitsluitend iets mystieks dat we kunnen claimen door alleen belijden en verstandelijk instemmen, het is het resultaat van het werkelijke praktische werk van de Heilige Geest dat de verandering teweegbrengt.

We hadden de boeken gelezen en geloofden dat we de theologie hierover begrepen, maar het was door de helderheid van Gods Woord en de demonstratie van Gods Geest in de bediening van profeet T.B. Joshua, dat onze harten doorboord werden met deze waarheid.

John Fletcher, een getrouwe bondgenoot van John Wesley in de 18e eeuw in Engeland, had te maken met eenzelfde soort afglijden naar religie toen hij met zijn gebruikelijke openhartigheid schreef:

> Als onze niet herboren toehoorders orthodoxe ideeën over de weg van redding in hun hoofd krijgen, evangelische zinsneden over Jezus Zijn liefde in hun mond nemen, een warme geestdrift voor ons genootschap, en favoriete vormen in het hart krijgen, helpen we hen vervolgens om zich zonder verdere omhaal te scharen onder de kinderen van God. Maar ach! Deze zelfadoptie in de familie van Christus zal in de hemel net zomin standhouden als het zelf toedichten van de gerechtigheid van Christus. Enkel en alleen het werk van de Geest zal daar in stand blijven, en dat alleen.[2]

PRAKTISCH CHRISTEN ZIJN

---
[2] Fletcher, J. W. (1771). *A second check to antinomianism....* W. Strahan. p. 66

> "Het is niet helemaal aan God en het is zeker niet helemaal aan ons; er is Gods vermogen en onze bereidwilligheid voor nodig om redding tot stand te brengen."

Dit citaat van TB Joshua weerspiegelt de gezonde balans tussen genade en werken, hetgeen het fundament is voor het praktisch christen zijn. Door de eeuwen heen is dit het waarmerk geweest van effectieve gelovigen. In de 17e eeuw bijvoorbeeld zei bisschop Ezekiel Hopkins (1634-1690) in essentie hetzelfde in zijn preek over praktisch christen zijn:

> Ten eerste. Werk met een zodanige ijver, constantheid, en onvermoeibaarheid in het goeddoen, alsof je werken alleen in staat zouden zijn om je te rechtvaardigen en te redden. Ten tweede. Wees zo absoluut in vertrouwen en afhankelijkheid van de verdiensten van Jezus Christus voor je rechtvaardiging en redding, alsof je nog nooit in je leven een enkele daad van gehoorzaamheid hebt gedaan.[3]

In T.B. Joshua zagen we iemand die deze balans met een helderheid onderwees die we nog niet eerder hadden gehoord, maar zijn leven was een consistente levende brief van deze waarheid.

Bevrijd ons van het kwaad

De bevrijding van boze geesten was een ander aspect dat ons diep raakte. Dit was niet ingebeeld of van een andere wereld, maar pakte de werkelijke bron van het huidige kwaad aan.

Boosheid, geweld, angst, haat, continu gedachten over de dood, pijn, en kwelling – op onze beeldschermen of in de kranten lezen we iedere dag over dodelijke daden geïnspireerd door deze machten, en we hebben ze allemaal in onze eigen harten ervaren.

In het gebed des Heeren, leert Jezus Christus ons om dagelijks te bidden, "Bevrijd ons van het kwaad" (Matteüs 6:13). Iedereen heeft bevrijding nodig! T.B. Joshua beschreef de dagelijkse strijd waarmee gelovigen te maken hebben,

---

3 Hopkins, E. (1701). *The Works of the Right Reverend and Learned Ezekiel Hopkins, Late Lord Bishop of London-Derry in Ireland*. Jonathan Robinson. p. 665

Dit is het

> "Zolang we in deze wereld zijn is er een constante strijd tussen het vlees en de geest. Een strijd die woedt in je hart tussen geloof en twijfel, nederigheid en trots, hoop en wanhoop, vrede en boosheid, geduld en ongeduld, kennis en onwetendheid, zelfbeheersing en hebzucht."

Dit is niet enkel een figuurlijke strijd. Er bestaan boze geesten van twijfel, ontrouw, onreinheid, enzovoort, waartegen krachtig weerstand moet worden geboden en die we de toegang tot onze levens moeten ontzeggen.

Fiona had met haar achtergrond in de verpleging een bepaalde kijk hierop,

Ik kwam erachter dat er ook machten zitten achter lichamelijke ziektes en psychologische onderdrukking die we niet vanuit het natuurlijke kunnen verklaren. De bevrijding in het massagebed opereerde op een ander niveau. Het werkt niet tegen de moderne wonderen van medicijnen, maar voegt eraan toe.

We zagen dat negatieve machten (geesten) worden uitgedreven met een woord van gezag door de machtige Naam van Jezus Christus te gebruiken. Maar we hebben ook zelf een rol te vervullen om verder in overwinning te leven door het adopteren van een levensstijl gebaseerd op positief denken, positief handelen, en positief spreken - door Gods Woord de standaard voor onze levens te maken.

Cultuurschok

In het begin waren onze ontmoetingen met de SCOAN ook een cultuurschok.

Een zeer leerzame vroege video (VHS-formaat) over verzoening in een familie vertelde het verhaal van een Nigeriaanse man waarvan de vriendin zwanger werd, en hij had haar vele jaren geleden in de steek gelaten. Een krachtig profetisch woord van profeet T.B. Joshua tijdens de kerkdienst, koos deze man uit die was gekomen om gebed te ontvangen voor doorbraak in zijn zaken. Hem werd verteld dat hij in zijn jeugd een meisje zwanger had gemaakt, en dat hij het meisje moest opzoeken om medeverantwoordelijkheid te nemen voor het kind. Geschrokken verliet de man de kerk en deed er alles aan om het meisje te traceren, die nu een alleenstaande moeder was. De alleenstaande moeder kwam met de jongen naar de kerk. Ze was zo blij dat haar zoon nu wat vaderlijke en financiële zorg zou ontvangen. Er was geen suggestie dat ze zouden moeten trouwen, maar simpelweg dat ze samen voor het kind moesten zorgen opdat hij een vader zou hebben. Het getuigenis was zeer ontroerend en een prikkeling voor hen die luisterden, dat God Almachtig alles ziet. De moeder en het kind waren zo dankbaar.

Echter teruggekomen in het Verenigd Koninkrijk (VK), gaf Fiona de VHS-tape aan het hoofd van een liefdadigheidsinstelling waar ze vrijwilligster was. Dit individu keek ernaar door een Britse cultuurbril en gaf simpelweg commentaar alsof de dame een alleenstaande moeder was in het VK, financieel gesteund door de verzorgingsstaat. Voor haar was niet het praktische of financiële de voornaamste kwestie, maar het emotionele – hoe zou de moeder zich gevoeld hebben toen ze de vader van het kind terugzag? Dit was zeer verrassend!

We observeerden iets wat we ook in onszelf zagen, een onbewuste wil om onze eigen 'cultuur' als een norm op te leggen, om alles uit te ziften door het filter van ons persoonlijk wereldbeeld.

T.B. Joshua maakte eens de opmerking dat hij boven zijn cultuur moest leven, de filosofie van Jezus moet in de plaats treden van onze normen en opvoeding.

Echter dit werk van God vond ongetwijfeld plaats in een culturele setting waarmee we onbekend waren. De botsing van culturen hielp ons om een aantal gebieden te herkennen waarin we onbewust de Bijbel hadden begrepen binnen de begrenzingen van onze eigen ervaring, waarden en verwachtingen. Hier zagen we iets anders dat, in een meer rauwe vorm, in veel opzichten dichter bij de Bijbel stond.

Het was bijvoorbeeld makkelijk voor ons om te interpreteren alsof de vroege kerk een managementstructuur had, met ouderen die beleidsvergaderingen hadden. En dat de apostelen in Jeruzalem het hoogste niveau van toezicht waren. In contrast, ging het meer om geloof en karakter. T.B. Joshua opereerde niet in de modus van een manager in westerse stijl, maar is zonder twijfel een provocatie tot bekering en geloof in Christus.

Een bijzondere zwakheid van onze middenklasse Engelse cultuur was

Dit is het

een te sterk benadrukken van uiterlijkheden. Het voelde comfortabel om de focus te leggen op presentatie, uiterlijk, en nieuwe resoluties te maken, in plaats van trouw te blijven tot het einde. Willen veranderen mag dan goed aanvoelen, maar het proces van ware verandering is vaak pijnlijk en uitdagend.

Langzaam maar zeker

De visie was geweldig en opwindend. We hadden gevonden waar we naar op zoek waren. Maar we realiseerden ons dat het herinrichten van onze levens niet zomaar eventjes snel geregeld zou zijn. We vonden dat we veel goede dingen die we vroeger hadden geleerd moesten afleren omdat ze cultureel gekleurd waren geworden, en we hadden ze op een te oppervlakkig niveau geaccepteerd. We hadden hierover een analogie gezien in het verbeteren van autowegen in het VK. Als het verkeer zodanig toenam dat de weg het volume niet meer aankon, was het gewoonlijk om een nieuwe vierbaansweg aan te leggen. Hoewel de richting en de bestemming hetzelfde waren werd de oude weg meestal aan de kant gezet en werd er een volledig nieuwe weg aangelegd, die van begin af aan ontworpen werd ten behoeve van het grotere verkeersvolume. Hetzelfde was waar voor ons – we sloegen niet een nieuwe richting in, maar we moesten opnieuw vanaf het begin starten.

Door het Bijbels onderwijs van T.B. Joshua zagen we in dat we geduld, volharding en uithoudingsvermogen nodig zouden hebben als primaire gereedschappen. De tweede preek in een serie genaamd "Langzaam maar zeker", die in het begin van 2005 werd gegeven, vonden we hierbij bijzonder behulpzaam.

LANGZAAM MAAR ZEKER — DEEL 2

TB Joshua, de SCOAN zondagdienst, 13 februari 2005

Johannes 5:1-14 — (1-6) — *"Hierna was er een feest van de Joden en Jezus ging naar Jeruzalem. En er is in Jeruzalem bij de Schaapspoort een badwater, dat in het Hebreeuws Bethesda wordt genoemd, met vijf zuilengangen. Daarin lag een grote menigte van zieken, blinden, kreupelen en verlamden, die wachtten op de beroering van het water. Want een engel daalde van tijd tot tijd neer in het badwater en bracht het water in beweging; wie dan het eerst daarin kwam, na de beweging van het water, werd gezond, aan welke ziekte hij ook leed. En daar was een man die al achtendertig jaar ziek was. Jezus zag hem liggen en omdat Hij wist dat hij al lange tijd ziek was, zei Hij tegen hem: Wilt u gezond worden?"*

Er zijn hier voor ons veel lessen te leren over Gods tijd. Gods tijd is het beste. Er is noodzaak om te wachten op Gods tijd. Er was een man bij het badwater van Bethesda die zich niet ongerust maakte over hoe lang hij moest wachten, want Hij geloofde God. Hij geloofde dat als hij maar zou kunnen afdalen in het water hij heel zou worden gemaakt. Terwijl hij wachtte aan de kant van het badwater werden er in zijn aanwezigheid vele anderen genezen, en hij moet veel getuigenissen hebben gehoord. Hij lag daar zonder dat iemand hem hielp, maar hij werd niet ontmoedigd want hij geloofde in Gods tijd.

Johannes 5:14 — *"Daarna vond Jezus hem in de tempel en zei tegen hem: Zie, u bent gezond geworden, zondig niet meer opdat u niet iets ergers overkomt."*

Hier in de SCOAN kun je voor gebed komen vanwege een bepaald probleem, en na het gebed is het probleem opgelost. Een man zonder visie zal niet achter die genezing kunnen zien. Maar deze man in de Bijbel zag een reden achter zijn genezing, de redding van zijn ziel. Dat was de reden dat Jezus hem in de tempel vond en niet in een bar of bordeel. De Bijbel geeft aan dat Jezus opnieuw de noodzaak benadrukte om zijn wonder vast te houden door zichzelf heilig te bewaren. Dat is waarom hij tegen hem zei, "Ga en zondig niet meer", hetgeen betekent, 'doe het niet meer!'

Jezus vond het nodig om hem deze bewuste waarschuwing te geven. Het komt veel voor dat mensen beloftes maken wanneer ze ziek zijn, gebrek leiden, of in de problemen zitten. Maar de dag erna zijn ze alles vergeten - de beloftes, de geestdrift die ze in het begin toonden, en het lijden dat ze in het verleden hadden meegemaakt. Denk terug aan de eerste keer dat jij met moeilijkheden, problemen of ziekte kwam. Denk aan de belofte dat jij God zou dienen met heel jouw wezen nadat je beter was geworden. Houd jij je nog steeds aan die belofte? Deze man bij het badwater van Bethesda hield zijn belofte, daarom vond Jezus hem in de tempel. Hij zag een reden achter zijn genezing. Als jij jouw leven als christen had voortgezet zoals je het begon zou jouw situatie er niet zo uitzien als vandaag. Omdat de man een visie had bleef hij doordrukken. De man wist waar hij naartoe ging, en dus bleef hij doorzetten.

Waar jij naartoe gaat heeft te maken met jouw goddelijke toekomst Het heeft te maken met jouw goddelijke bestemming. Als waar ik vandaag naartoe ga mij vertelt dat ik een visser zal worden, dan zal ik morgen een visnet kopen, want ik weet dat ik daarmee voorspoedig zal zijn.

Waar ga jij naartoe? Ga jij richting je goddelijke bestemming? Als jij richting je goddelijke bestemming gaat, dan zal je uithoudingsvermogen, volharding, en geduld hebben. Dit zijn de gereedschappen. Als jij deze gereedschappen hebt zal je in staat zijn om het aan te kunnen. Maar een man zonder visie is een man zonder geduld.

Een goed voorbeeld is Jozef, de zoon van Jacob. Kijk naar de weg naar zijn goddelijke bestemming. Van de droge put naar slavernij in het huis van Potiphar, en dan vanuit de gevangenis naar de troon. Het was omdat hij een visie had dat hij in staat was om de pijn in de droge put te verdragen. Het was omdat hij een visie had dat hij met de verleiding van de vrouw van Potiphar kon omgaan. Het was omdat hij een visie had dat hij de toestand van de gevangenis kon doorstaan. Iedere keer als Jozef zich in een situatie bevond die tegengesteld was aan zijn visie, zei hij tegen zichzelf, 'ik weet waar ik hoor — niet hier! Dit is niet Gods belofte!' Dit imparteerde een kracht om zijn huidige toestand te doorstaan.

Denk eraan, ons probleem wordt makkelijker om mee om te gaan wanneer we weten dat het niet lang zal duren. Jozef wist dat elk probleem waar hij doorheen ging slechts een korte tijd zou duren.

De weg naar jouw goddelijke bestemming, de weg naar jouw goddelijke toekomst, gaat niet over rozen. Je zult te maken krijgen met schorpioenen, slangen, doornen, — noem maar op! Daarom heb je uithoudingsvermogen nodig. Daarom heb je geduld nodig. Daarom heb je volharding nodig. Als jij niet weet waar je naartoe gaat kun je het niet volhouden, je kunt niet geduldig zijn. Velen van jullie hier hebben Gods belofte, maar je hebt gebrek aan geduld, volharding, en uithoudingsvermogen. Dit is een boodschap die je behoort op te volgen als je succesvol wilt zijn in het leven. Als jij een visie hebt, dan bezit jij waar je naartoe gaat en waar jij naartoe gaat heeft te maken met jouw goddelijke bestemming.

Als jij een visie hebt, dan heb je moed; je hebt vertrouwen. Maar een man zonder visie is een man zonder geduld, zonder volharding, zonder uithoudingsvermogen. Als jij een visie hebt, zelfs als iemand je een klap in het gezicht geeft, dan zal je de andere wang toekeren als dit je helpt om jouw doel te bereiken.

Leven na leven

"Ekaaro!" Glimlachend begroetten de dames van het dorp mevrouw Folarin Aisha Adesiji Balogun, moeder van T.B. Joshua, in Yoruba op de speciale dag van de naamgeving-ceremonie in juni 1963.

In kleurrijke jurken droegen de dames grote potten met geurige rijst en begonnen met de voorbereidingen van de viering.

"Mevrouw, u zult God wel erg dankbaar zijn voor uw veilige bevalling. Uw kleine zoon, wat heeft God Almachtig in petto voor hem?" "Ja het gaat goed met hem, en zie hoe hij vredig op de mat ligt te slapen!" was het blijde antwoord.

Het dak dat doorboord werd door het grote stuk rots

Aannemers van Het Waterbedrijf waren vlakbij rotsen aan het opblazen om plaats te maken voor hun leidingen.

Alles was bijna gereed voor de naamgeving-ceremonie, toen zonder enige waarschuwing, een groot stuk van een rots wegschoot van de locatie waar men bezig was. Deze doorboorde het dak waar de mensen feest vierden en viel op de plaats waar het bijzondere kindje was neergelegd. Maar de baby werd net niet geraakt. Niemand zag dat het kindje naar een ander deel van de kamer werd gedragen. Ze zagen alleen dat de baby (net zeven dagen oud) was verplaatst en luid aan het huilen was. En het wonder was dat hij geen verwondingen had. Wat was er gaande in de geestelijke wereld?

Alleen de tijd zou het leren!

Toen het geschreeuw afnam en de aanwezigen zich verblijdden, "De baby is veilig!" ontstond er plotseling nog meer onrust. Mevrouw Folarin, de moeder van de kleine Balogun Francis (later zou hij Joshua heten), zakte in elkaar en viel op de grond; pogingen om haar te laten bijkomen mislukten; ze was in een diepe flauwte.

Een ooggetuige houdt het stuk rots vast

"Laten we haar naar het ziekenhuis brengen!" Alle buren verzamelden zich rondom haar, het vervoermiddel voor dergelijke noodgevallen werd aangevraagd, en terwijl iemand de baby, die nog geen naam had gekregen, met zich meedroeg, ging iedereen naar het ziekenhuis. De rijst werd tot bederf achtergelaten.

Wat was er gebeurd? God Almachtig had een wonder gedaan, en terwijl het bericht het dorp rondging, zeiden de mensen, "We moeten dit kind in de gaten houden; het is zeker dat God hem eerst beschermde in de baarmoeder en hem nu beschermd heeft tegen dood en verwonding."

T.B. JOSHUA'S GEBOORTE EN JEUGD

Arigidi in Ondo State, Nigeria

Een eeuw geleden was er in een gemeenschap op het platteland genaamd Aridigi in de staat Ondo een opmerkelijke profetie waarover werd gesproken. Balogun Okoorun, een strijder en boer, profeteerde dat uit die rustieke gemeenschap een man zou opstaan die machtig en beroemd zou zijn en waarvan de volgelingen groots zouden zijn.

Temitope Balogun (later zou hij T.B. Joshua heten) werd op 12 juni 1963 geboren. Zijn vader was Pa Kolawole Balogun uit de wijk Imo, en zijn moeder, mevrouw Folarin Adesiji Balogun uit de wijk Osin. Hij zou het laatste kind zijn.

Van de geschiedenis van zijn tijd in de baarmoeder zou veel worden

LEVEN NA LEVEN

gesproken. De baby was rustig in de baarmoeder. Gedurende de laatste drie maanden voorafgaand aan de verwachte bevalling, toen er veel beweging werd verwacht, was er volledige rust van de ongeboren Joshua in wording. Dit resulteerde in een langdurig verblijf in het

T.B. Joshua's ouderlijk huis

ziekenhuis. Er waren regelmatig gesprekken over de mogelijkheid om de bevalling middels een keizersnede te laten verlopen (zelfs nu nog een dure en riskante ingreep in meer landelijk gelegen delen van Nigeria).

Zijn moeder herinnerde zich dat ze in het ziekenhuis op bed lag, en dat er een pastor naar binnen kwam en zei dat ze zich niet moest laten opereren, want God was bezig om het kind voor te bereiden. En zo adviseerde hij haar om naar huis te gaan, met de waarschuwing dat een operatie niet succesvol zou verlopen. Dezelfde boodschap werd aan de dokter gegeven.

En dus verliet ze na drie maanden het ziekenhuis en ging weer terug naar huis om verder af te wachten. Uiteindelijk werd op een avond, na de 14e maand van de zwangerschap, de baby zonder operatie geboren. Iedereen verblijdde zich, maar de naamgeving-ceremonie heeft nooit plaatsgevonden vanwege het incident met het weggeschoten stuk rots waarover in het begin van dit hoofdstuk werd verteld.

Toen er aan de baby uiteindelijk een naam werd gegeven, werden hem vele namen gegeven, maar zijn eigen voorkeur en die van zijn ouders was Temitope, hetgeen betekent: Wat U (God) voor mij hebt gedaan is dankzegging waard.

Pa Kolawole Balogun, vader van T.B. Joshua

Hij groeide op in een christelijk huis. Zijn vader, toen hij nog leefde, was boer en ook de secretaris van de St. Stephens kerk in het dorp. Pa Kolawole stierf toen T.B. Joshua nog een kleine jongen was. Uit die begintijd herinnert hij zich hoe zijn vader hem meenam naar de kerk als hij daar ging werken.

Vroege tekenen van geestelijke ijver markeerden zijn jaren op de basisschool in het dorp. Zijn favoriete vak was Bijbel Kennis, BK genoemd, en hij hield ervan om de Schriften te lezen. Al op die leeftijd las hij regelmatig de hele Bijbel en onderwees hij anderen.

Saint Stephens lagere school in Arigidi

Het was daar dat hij de bijnaam 'kleine pastor' verdiende en de Christelijke Broederschap voor Scholieren zou leiden.

Een bepaalde gebeurtenis van die begindagen werd onthouden. Dat was toen een waanzinnige man met een kapmes naar de school kwam. De leerlingen en leraren renden allemaal in het rond, en niemand wilde bij hem in de buurt komen. De 'kleine pastor' echter stapte zelfverzekerd op de waanzinnige man af en beval hem in Jezus' Naam om het kapmes af te geven, hetgeen hij ook deed.

T.B. Joshua na het afmaken van de lagere school

Hieruit kan men afleiden dat de bediening van T.B. Joshua begon op de St. Stephens basisschool, waar hij het kapmes van de waanzinnige man afpakte en de Schriften Unie begon te leiden, waar hij de Bijbel onderwees en voor veel mensen bad. Hij verklaart dat het hier was dat zijn besef van Gods aanwezigheid begon, en van daaruit ging het verder. Inderdaad: "Alles wat groot is begint klein".

Verhuizing naar Lagos

Hoewel hij het goed deed op de basisschool, was zijn ervaring op de middelbare school niet zo makkelijk. Er waren echt veel moeilijkheden.

Door financiële problemen binnen de familie kon het schoolgeld niet worden opgebracht. Hoewel hij het voor elkaar kreeg om verlaat te worden toegelaten op het moslim college, Ansar-Ud-deen

T.B. Joshua op 17-jarige leeftijd

LEVEN NA LEVEN

Grammatica School in Ikare in de buurt van zijn geboortedorp, waren er toch uitdagingen. Openlijk de Bijbel bij je dragen was verboden, en de kleine groep christelijke gelovigen, met hem als leider, moest in het geheim samenkomen om de Bijbel te lezen. Hij zou uiteindelijk weggaan en terugkeren naar huis, en een tijdlang geen formeel onderwijs meer volgen.

Nadenkend over hoe de kost te verdienen om verder onderwijs te kunnen financieren, besloot hij om naar Lagos te verhuizen. Slapend bovenop een truck met cassave, liftte hij mee tijdens een vier dagen durende reis naar Lagos en werd afgezet bij Mile 12, thuishaven van een enorme internationale groente- en fruitmarkt.

Toen hij een tijdelijke baan had gevonden om de vuile voeten van marktklanten te wassen, hoorde hij dat zijn lokale dialect werd gesproken. Na het onderbreken van de pratende vrouwen hielpen zij hem om zijn zus die naar Lagos was verhuisd op te sporen. Hij kon enige tijd bij haar in Egbe verblijven.

T.B. Joshua op 20-jarige leeftijd

Hij wilde haar echter niet tot last zijn en al snel trok hij verder en vond een baan op een pluimvee bedrijf waar hij kippenmest vervoerde. Hij deed dit werk een jaar lang, en gedurende die periode kon hij de geur niet van zijn lichaam krijgen, hoeveel zeep hij ook gebruikte, en vaak zwermden er vliegen rondom hem.

En zelfs vele jaren later vergat T.B. Joshua nooit hoe het was om dag in dag uit te werken in een slecht betaalde, ietwat mensonterende baan die zelfs lokale Nigerianen niet wilden aannemen.

Tegelijkertijd probeerde hij om zijn opleiding weer op te pakken door zich in te schrijven bij diverse avondscholen. Wederom bleek dit financieel problematisch te zijn, omdat hij voltijds moest werken om zijn huur en voeding te kunnen betalen.

Als hij het toch voor elkaar kreeg om een tijdje op een school te blijven, merkte men op dat hij goed was in atletiek. Gedurende deze uitdagende periode in zijn leven gaf hij ook Bijbelstudie aan kinderen.

Pogingen om uiteindelijk door te stromen naar de nationale onderwijssystemen van Nigeria mislukte vier keer. Hij schreef zich in voor de examens van JAMB (toelatingscommissie voor middelbaar onderwijs), maar om diverse redenen, zoals een ongeluk op weg naar de examenlocatie en soms het vergeten van belangrijke documenten, werden zijn inspanningen teniet gedaan.

Sommigen verbaasden zich over dit raadsel, maar zijn moeder, een vrouw van geloof, zag het gelukkig als iets waarbij God was betrokken – een 'tussenstop' op de reis naar zijn bestemming.

Nergens was dit duidelijker dan in een potentiële diep teleurstellende ervaring toen hij zich probeerde in te schrijven bij het Nigeriaanse leger.

Deze keer slaagde hij voor het toelatingsexamen bij de Nigeriaanse Defensie Academie, Kaduna en werd voor een interview uitgenodigd. Wellicht lonkte deze keer het succes? Echter de trein waarin hij van Lagos naar Kaduna reisde kreeg ernstige gebreken, viel in storing en zo bleven alle passagiers zes lange dagen in de 'wildernis' in de staat Kwara met weinig eten en drinken. Hij miste de interviews omdat hem de financiële middelen ontbraken om er op een andere manier te kunnen komen.

T.B. Joshua zou later terugblikken: "Wie weet wat er zou zijn gebeurd als ik succesvol had deelgenomen aan dat interview? Ik was zeer verbitterd dat ik wederom een kans was misgelopen om iets van het leven te maken."

Teruggekomen in het dorp, vond hij troost door de woorden die zijn moeder tot hem sprak in zijn seizoen van het verdragen van een droge put, zoals Jozef van het bekende verhaal in Genesis.

> Mijn zoon, maak je geen zorgen over hoe de dingen er vandaag lijken uit te zien. Als ik ooit vertrouwen heb in een kind, dan ben jij dat kind. Wees niet bevreesd voor wat de toekomst jou brengen zal, want ik weet als er iemand bestemd is om te falen, dat jij dat niet bent. Dus wees geduldig en je zult zien wat God in jouw leven gaat doen. Ik ben zo zeker van jouw toekomstige doorbraak, als ik de kracht van de voorspellingen en profetieën over jou nog voor je was geboren overdenk. Ik kan gewoon niet vergeten wat ik ervaren heb toen ik zwanger van jou was, en ik weet dat God niet kan liegen. Waar je vandaag doorheen gaat, mijn zoon, neem het

Leven na leven

als een tijdelijke tegenslag die bedoeld is om je voor te bereiden op de uitdagingen die voor je liggen. Vergeet niet dat jouw naam 'Temitope' is, en dat met Gods genade de hele wereld reden zal hebben om vanwege jou God te danken.[4]

Dat woord van geloof zou inderdaad uitkomen. Jaren later zou zijn Bijbels onderwijs over Jozef op Emmanuel TV duizenden bemoedigen.

De 'droge put' is waar je in de situatie geen uitweg ziet, geen bevoorradingsbron, maar zoals Jozef in die tijd zich niet overgaf aan bitterheid en aanstoot, zo deed ook Temitope Balogun Joshua dat niet. Later vertelde hij:

> In mijn geestelijke wandel met God, heb ik zowel goede als moeilijke tijden ervaren. Wie weet wat er zou zijn gebeurd als die tussenstops niet geregeld waren gekomen. Onthoud dat wanneer God Zijn plan in onze levens uitvoert, hij ook gebeurtenissen ontwerpt en regelt die zich blijven ontvouwen totdat Zijn bedoeling is geopenbaard. De hoogte- en dieptepunten in mijn opleiding waren deel van de gebeurtenissen die de bedoeling van God in mijn leven openbaarde. Onthoud dat de man die arm is, niet de man is die geen geld heeft, maar degene die geen droom heeft.[4]

Hij heeft herhaaldelijk het positieve voorbeeld van zijn moeder erkend in zijn prediking. Hij refereerde bijvoorbeeld aan haar onvermoeibaar schoonmaakwerk in de kerk, terwijl ze bad dat God haar hart zou reinigen terwijl zij Zijn huis aan het schoonmaken was. Hij schreef ook het volgende citaat dat zijn leven positief beïnvloedde aan haar toe:

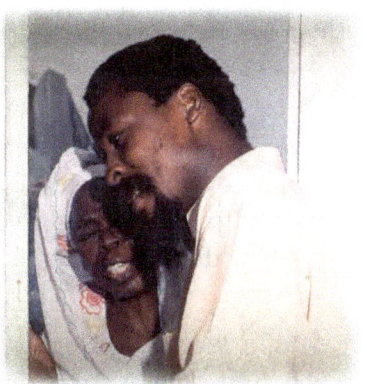

T.B. Joshua met een foto van zijn moeder

> "Als tijden stabiel zijn, en de zee kalm en veilig is, word niemand werkelijk beproefd."

Jaren later, toen hij op de Bahamas was voor een bezoek aan de president van die natie, werd hij geïnformeerd over de laatste ziekte van zijn moeder.

---

4 *My Stopping Interval*, SCOAN Blog, 5 oktober 2009

Daaropvolgend overleed zij voordat hij kon terugkeren naar Nigeria.⁵

Goddelijke Roeping

Het was het jaar 1987, en volgend op zijn jaren in Lagos, instrueerde de Heilige Geest T.B. Joshua om een langdurige tijd Gods aangezicht te zoeken op een berg nabij zijn geboorteplaats Arigidi. Daar vastte en bad hij 40 dagen en 40 nachten. Hij schreef dat hij in een hemels visioen goddelijke zalving ontving en een verbond van God om zijn bediening te beginnen:

> LEVEN NA LEVEN
>
> Ik was drie dagen op rij in een geestvervoering, toen zag ik een hand die een Bijbel naar mijn hart wees, en de Bijbel ging mijn hart binnen, en mijn voormalige hart leek onmiddellijk met de Bijbel te worden ondergedompeld. Toen kwam de bewustwording, en ik zag de apostelen en profeten van vroeger met iemand wiens hoofd ik niet kon zien, want hij was lang tot de hemel en zweefde, ik geloof dat het onze Heere Jezus Christus was, die in hun midden zat. Ik zag ook mezelf in hun midden. Na een tijdje
>
>
> *Bidden op de berg*
>
> zag ik een hand van dezelfde lange man. Ik kon Zijn gezicht dat glinsterde met een onvoorstelbaar licht niet zien. Hij was lang tot de hoge hemelen en zweefde in de lucht. Maar van de apostelen kon ik de gezichten zien, in het bijzonder de apostelen Petrus en Paulus, profeten Mozes, Elia en anderen. Hun namen waren vrijmoedig op hun borst geschreven.
>
> Ik hoorde een stem zeggen, 'Ik ben jouw God, Ik geef jou een goddelijke opdracht om te gaan en het werk van de hemelse Vader uit te voeren.' Op hetzelfde moment gaf de hand van de lange man mij een klein kruis en een grote Bijbel, groter dan degene die mijn hart was binnengegaan, met een belofte dat als ik blijf doordrukken in Zijn tijd en Naam, ik een groter kruis zou krijgen, maar als ik faal dan zou het tegenovergestelde gebeuren. Ik hoorde

---

5 *Untold Story Of A Mystery — Prophet TB Joshua*, The Sun (Nigeria), 5 apr 2009

Leven na leven

ook de stem van dezelfde lange man (ik kon Zijn hoofd niet zien) zeggen, 'Ik ben de Heere jouw God die was en die is – Jezus Christus, die bevelen geeft aan al de apostelen en profeten.' Dezelfde stem zei tegen mij, 'Ik zal jou de wonderbaarlijke manieren laten zien waarmee Ik Mezelf door middel van jou zal openbaren, in onderwijzing, prediking, krachten, tekenen en wonderen voor de redding van zielen.'

Sindsdien heb ik ieder jaar in mijn visioen, in overeenstemming met mijn trouw aan God, een groter kruis ontvangen, dat voor mij meer verantwoordelijkheden betekent.

De Bijbel die mijn hart binnenging symboliseerde Geest en leven (de Heilige Geest) Gods Woord is Geest en leven. Hij doet niets zonder Zijn Woord. Het boek Romeinen 8:16 zegt dat Gods Geest Zichzelf verbindt aan onze geest om te verklaren dat we kinderen van God zijn. De Vader gaf de Geest om ons als Zijn Zoon te maken.

Vader, dank U voor Uw Geest, vul ons met Uw liefde en kracht, verander ons in Christus Zijn eigen beeld, dag na dag en van uur tot uur.

God Zelf voert de goddelijke zalving uit op allen die het geweldige privilege hebben om Zijn kinderen te worden (2 Korinthe 1:21-23 en Lukas 24:48-49).[6]

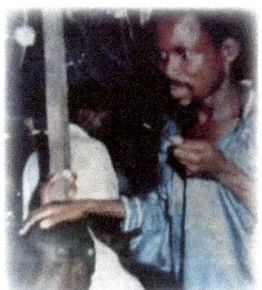

T.B. Joshua terug na 40 dagen vasten

De beginjaren van de kerk

T.B. Joshua verplaatste zich in de beginjaren te voet, zoals in de video documentaire, *Dit is mijn verhaal*, is te zien. Overal waar hij naartoe ging volgden kinderen hem. Die kinderen en hun moeders zouden tot de allereerste kerkleden behoren.

T.B. Joshua te voet in 1989

In 1989, legde hij het fundament van de eerste SCOAN kerk gelokaliseerd in Agodo-Egbe, Lagos, Nigeria. Vol blijdschap liep hij in het midden van de eerst leden terwijl hij hun

---

6   *How God Called TB Joshua*, Distance Is Not a Barrier Blog, statische pagina

geloof opbouwde met het Woord van God. Hier volgt een transcript van die korte, levendige preek:

> Halleluja! Laten we gaan zitten. Amen! In feite weet ik niet waar ik moet beginnen. Amen! Mijn komst in jullie midden is om een fundament te leggen. Ik ben hier om een fundament te leggen, dat we vandaag de Synagogue hier beginnen! De Synagogue is hier begonnen! Ik ben gekomen om een goede fundatie te leggen voor de kerk. Jullie behoren te weten dat deze man de dingen altijd in spreekwoorden zegt.
>
>
> *De eerste kerk in 1989*
>
> Al de ouderen hebben van jongs af aan gehoord dat Jezus op komst is. We hebben Zijn komst tot nu toe verwacht, en we bereiden ons er nog steeds op voor. De reden dat Jezus nog niet is gekomen, is omdat Hij wil dat jij en ik ons bekeren van onze zonden, want Hij wil niet dat iemand verloren gaat. Heb jij je bekeerd? De reden dat de komst van Jezus is vertraagd is omdat God wil dat jij je bekeert. Bekeer je van je zonden zodat je niet verloren gaat. Tegen de tijd dat Jezus komt zal je niet verloren gaan; je zult het Koninkrijk van God beërven, Van jongs af aan heb je geleerd dat Jezus zal komen als een dief in de nacht. We zijn aan het wachten op de komst van Jezus. De reden dat de komst van Jezus is vertraagd, is vanwege jou en mij. Jezus wil dat jij je bekeert, Hij wil niet dat je verloren gaat. Tegen de tijd dat Hij komt, kan Hij je naar het eeuwige leven dragen Als Jezus zou komen en je hebt je niet bekeerd, dan heeft de komst van Jezus in jouw leven geen betekenis. Om de komst van Jezus betekenis te laten hebben in jouw leven, moet jij je bekeren. Jij moet je vandaag bekeren en Jezus aannemen. Zodat wanneer Jezus komt, jij je bij Hem kunt aansluiten in het Koninkrijk van God.
>
> Dus voor mij en mijn huis – en ik geloof dat jullie mijn huis zijn – wij zullen de Heere dienen. Applaus voor Jezus! Halleluja![7]

Het duurde niet lang voordat de aantallen groeiden en er een nieuw

---

[7] *This Is My Story: TB Joshua Documentary*, TB Joshua Ministries Facebook Post, 2 nov 2017

LEVEN NA LEVEN

De tweede kerk vernietigd door een storm

kerkgebouw nodig was, de tweede kerk, gelegen op dezelfde locatie. Het simpele bouwwerk werd echter tijdens een hevige onweersbui verwoest.

Nadat het tweede kerkgebouw verwoest was, werd er een andere gebouwd, deze keer door houten planken te gebruiken. In 1992 werd de eerste dienst gehouden in het nieuwe gebouw van de Synagogue Church of all Nations (SCOAN).

Het derde gebouw werd door een overstroming ernstig beschadigd. Hierom en vanwege het toenemende aantal aanbidders die de kerkdiensten bijwoonden, instrueerde de Heilige Geest T.B. Joshua om te verhuizen naar een nieuwe locatie ongeveer drie kilometer verder.

De derde kerk in 1992

Aldus verhuisde de kerk in 1994 naar Ikotun-Egbe, de huidige locatie. Dit was het vierde gebouw van de SCOAN, het eerste kerkgebouw op de nieuwe locatie. Dit gebouw, met uitbreiding, was waar we kwamen toen we de kerk in 2001 voor het eerst bezochten.

De vierde kerk in 1994

Het terrein van de eerste drie kerken is nu de locatie van het Geloofsreservaat van de SCOAN, ook bekend als de Gebedsberg.

ONTERECHTE ARRESTATIE

Die periode tussen 1994 en 2001 zag een substantiële groei in de invloed van de kerk en de daarmee gepaard gaande vervolging. In 1996 werd T.B. Joshua zelfs vals beschuldigd van drugshandel en bracht 13 dagen in de gevangenis door. Hier is een nieuwsverslag van een verklaring die drie jaar later in de kerk werd gegeven door één van de agenten die hem in 1996 arresteerde vanwege de beschuldiging van drugshandel:

> Yusuf Hassan, die uit de staat Adamawa komt, zei dat hij bij het Nationale Drugs Wetshandhaving Agentschap werkte toen een informant hen tipte dat Joshua drugs verhandelde binnen zijn kerkterrein.
>
> Yusuf hervertelt hoe de SCOAN werd bestormd door 18 'gewapende' agenten en zes soldaten, en hoe de geestelijke werd gearresteerd en vervolgens 13 dagen werd opgesloten.
>
> *Onschuldig gearresteerd in 1996*
>
> "Onderweg naar het kantoor vroegen we hem dat – als hij een man van God was, laat hem dan verdwijnen." Hassan herinnert zich hoe al de agenten de geestelijke treiterden onderweg naar de gevangenis.
>
> "Onze agenten vernielden een hoop spullen terwijl ze naar de drugs zochten – maar we konden niets vinden. Op de 13e dag, werd hij vrijgelaten omdat er niets belastend op hem of bij hem kon worden gevonden", vertelt Yusuf verder.
>
> Echter nadat Joshua's onschuld was bevestigd, openbaarde Hassan dat er rampspoed kwam over allen die bij de operatie betrokken waren geweest.
>
> "Onder de agenten die kwamen om T.B. Joshua te arresteren, zijn er drie niet langer in leven. Alle 18 agenten, behalve ikzelf, zijn ontslagen", onthulde hij.
>
> Yusuf zei over zichzelf dat hij "geschorst was" nadat een rechtszaak hem 10 maanden in de gevangenis deed belanden.
>
> "Ik wil dat God mij bevrijd van de rol die ik speelde in zijn arrestatie", eindigde hij.[8]

Stel je de geruchten en roddel eens voor die zich vanwege het incident verspreidden, een profeet vastgezet in een cel, beschuldigd van

---

8 *Throwback as NDLEA Officer recounts arrest of TB Joshua for 'dealing in drugs',* The Eagle Online, 23 sep 2019

Leven na leven

drugshandel en wapenbezit. Hoe dan ook, zijn vijanden kwamen erachter dat zelfs opsluiting in een cel en valse beschuldiging zijn geloof in God niet zouden doen wankelen. Bij zijn eerste verschijning in de kerk, nadat hij net was vrijgelaten, bemoedigde hij de samenkomst,

> Als je tegen jezelf zegt, 'Waarom heb ik al deze moeilijkheden, vervolging, verdrukking, en al dat soort dingen?' Dan wil ik dat je terugdenkt en afvraagt, 'Waarom heb ik al deze geestelijke zegeningen in mijn leven?'[9]

Het onderscheidend kenmerk van een christen is dat moeilijkheden, uitdagingen, verdrukkingen en vervolgingen hen dichter bij God brengen, niet verder weg.

Emmanuel TV is geboren!

In maart 2006, vond er een belangrijke geboorte plaats, één die vele mensenlevens ten goede zou veranderen, Emmanuel TV werd geboren. De opkomst van zo'n krachtig communicatiemiddel kwam echter op een ongebruikelijke wijze.

"Mijnheer", de evangelisten drongen samen in het kleine kantoor: "Onze president, hij zet een ban op alle wonderen die hier in Nigeria op televisie worden getoond, zowel de lokale stations als de nationale zender. Ze zeggen dat van nu af aan, onze programma's enkel uw prediking mogen laten zien. Het voelt als vervolging. Man van God; veel mensen hebben naar deze lokale zenders gekeken en danken God voor hetgeen er gebeurt."

T.B. Joshua legde zelf uit wat er vervolgens gebeurde:

> Ik haalde mijn programma van al de zenders af. Ik ging naar de Gebedsberg, en God zei, "Ik weet ervan; Ik wil dat jij jezelf ontdekt." God vroeg mij om een televisiekanaal te openen, en God zei, "Emmanuel TV." Ik veranderde het zelf in 'SCOAN TV'. De wolk werd donker, en God zei, "Wanneer je wakker wordt, verander dan de naam in Emmanuel TV." Ik werd door God gewaarschuwd. Dat is hoe Emmanuel TV begon.[10]

---

9 *This Is My Story: TB Joshua Documentary*
10 *Fear Next!* SCOAN Blog, 31 mei 2017

In die begindagen herinneren we dat hij publiekelijk verklaarde dat Emmanuel TV groter zou worden dan de SCOAN. In die tijd was dat moeilijk voor te stellen, maar de waarheid hiervan is nu overduidelijk. Het satelliet kanaal is een begrip en wijds bekeken in een groot deel van sub-Sahara Afrika. Tegen 2021 was Emmanuel TV het meest bekeken algemene christelijke kanaal ter wereld geworden op YouTube.

Het was inderdaad overduidelijk dat:

"Afwijzing door mensen lokt Gods leiding uit."

Eén van de vruchten van Emmanuel TV is geweest om geruchten over hetgeen er gebeurd in de SCOAN te corrigeren. Er zijn een aantal getuigenissen geweest waarin zij die eerst de SCOAN vervolgden en er kwaad over spraken, door middel van Emmanuel TV de realiteit hebben ingezien van wat er werkelijk gebeurt en zich vervolgens bekeerden van hun eerdere woorden en acties.

Een vermeldenswaardig voorbeeld vond plaats in de zondagsdienst van de SCOAN op 7 april 2013, toen een pastor en zijn vrouw publiekelijk hun getuigenis en verklaring deelden. Als een prominent leider, had hij eerder gepredikt tijdens jeugd samenkomsten dat T.B. Joshua de antichrist van onze generatie was. Echter in een ironische buiging van het lot, de man waar hij campagne tegen had gevoerd en religieus gelasterd had, werd uiteindelijk door God gebruikt om zijn gezin te vrij te zetten uit geestelijke gebondenheid door middel van bevrijding. Dit was nadat hij in het geheim was begonnen met het kijken naar Emmanuel TV, en hetgeen hij zag was totaal anders dan wat hem was verteld. In zijn afsluitende woorden van advies, deed hij een oproep naar zijn collega-voorgangers om achter de waarheid te komen voordat er tot een te haastig oordeel wordt gekomen.

De live dienst

Sinds 2007 worden de SCOAN diensten live uitgezonden op Emmanuel TV. Deze live diensten zijn voor velen over de hele wereld een hoogtepunt van de week. Over de hele wereld, in verschillende tijdzones, bouwt de spanning zich op, "Wat zal er vandaag gebeuren in de live dienst? Wat zal God gaan doen? Zal T.B. Joshua zelf deelnemen, en zo ja, welke

Bijbelse boodschap zal hij brengen? Welk getuigenis en levenservaring zal er worden uitgelicht?"

De getuigenissen zouden inkijk geven in iemands leven en achtergrond. Gebroken huwelijken en verzoeningen, niets was 'verboden' zodat het volk van God ervan kon leren en worden gewaarschuwd door andermans ervaringen.

Er zijn schrijnende gevallen geweest waarbij oudere vrouwen ontzettend bang waren om als heks te worden aangemerkt, omdat ze door verbranding ter dood konden worden gebracht. De hele familie zou in de kerk worden uitgenodigd en gratis verblijf en eten aangeboden krijgen zodat alle belangrijke leden betrokken zouden zijn, hun zegje konden doen en de wijsheid van de man van God konden horen. In verschillende delen van Nigeria, zouden andere familieleden zich thuis rondom een televisie scherm scharen (biddend dat de elektriciteit niet zou uitvallen) om te wachten wat T.B. Joshua zou zeggen. Deze rechtspraak zou mensenlevens redden, geweld terugdringen als gevolg van onwetendheid, en de waardigheid van de hele familie behoeden.

De live diensten werden meestal met massagebed afgesloten. Dit fungeerde als een geestelijke gezondheidscontrole; het was de voorbereiding voor de komende week.

"Vlug, kom bij elkaar!" Mensen van gezinnen van over de hele wereld zouden gretig wachten op het massagebed, het gebed voor de kijkers deel van de live dienst, en op de woorden: "Kijkers van over de hele wereld, raak je scherm aan." Tijdens het bidden voor de kijkers, zou T.B. Joshua direct in de camera spreken en zijn hand naar de lens richten. Regelmatig bevatte de getuigenissen-sectie personen die zich inderdaad door geloof verbonden hadden met dit gebed en waren nu enthousiast God aan het eren voor hetgeen Hij had gedaan.

De SCOAN zondag dienst ontwikkelde zich snel in een belangrijk wekelijks evenement met honderden bezoekers uit andere natiën. In Ikotun Egbe verrezen hotels in de omgeving en de plaatselijke economie verbeterde door alle bezoekers die rondstruinden in de straten buiten de kerk. Toen het aantal internationale bezoekers groeide, werd het team ervaren in het omgaan met verschillende culturen. De ontwikkeling van de live dienst en de substantiële opkomst van nationale en internationale bezoekers betekende dat men werkelijk kon zien dat de SCOAN haar profetische naam The Synagogue Church Of All Nations waarmaakte. Men kon op elke willekeurige zondag rondom zich kijken en de vele vlaggen van verschillende landen zien.

Een familieman

Vanaf het eerste begin van onze betrokkenheid met T.B. Joshua, is zijn ondersteunende vrouw Evelyn aan zijn zijde geweest en is in haar eigen recht een krachtige predikster. De eetzaal van de bezoekers binnenlopend, zag men een prachtige foto van haar waarop ze namens haar man de onderscheiding van de OFR (officier in de Orde van de Federale Republiek Nigeria) van president Yar'Adua ontvangt.

Mevr. Evelyn Joshua met president Yar'Adua

Op vele internationale evenementen, zich gracieus aanpassend aan de culturele verwachtingen van het gastland, ontving zij geschenken op het podium bestaande uit bloemen of lokaal gemaakte kunstwerkjes.

Soms, zoals in de Zuid-Korea Crusade van 2016, werd T.B. Joshua gezien met zijn hele gezin, die op een rij aan zijn zij stond, om het comité te verwelkomen in de foyer van het hotel. Hun volwassen dochters, bekend voor het uitblinken in diverse academische prestaties, vergezelden vaak hun vader tijdens liefdadigheidsbezoeken aan de ouderen en zijn een integraal deel van de Emmanuel TV evenementen teams.

De herinnering aan zuster Evelyn die ons misschien wel het meest is bijgebleven, is toen ze haar man vergezelde in het Ecuadoraanse regenwoud, vastberaden marcherend langs de modderige paden, gehuld in hoge regenlaarzen. Met het voertuig vastzittend in de modder zetten ze de reis verder te voet voort om de school te openen waarin door

Emmanuel TV na de aardbeving in 2016 was voorzien. Op camera geregistreerd tot eer van God, was de tijdige voorziening van een lokale broeder met een paard die hielp om de vrouw van de man van God en een andere evangelist te vervoeren op het laatste stuk van de vermoeiende tocht.

T.B. Joshua studerend op de Gebedsberg

Liefde voor dieren is altijd deel geweest van het leven van T.B. Joshua, verbondenheid met natuur en schepping. Vogels, antilopen en pauwen lopen vrij rond op de Gebedsberg in Lagos, ook bekend als het Geloofsreservaat. De dieren zijn te zien geweest in een tekenfilmproductie van Emmanuel TV waarin ze 'nadenken over hun favoriete Bijbellering'.

DE HEILIGE BIJBEL — EEN INTEGRAAL DEEL VAN HET VERHAAL

> "Het Woord van God heeft het vermogen om binnenin ons hart een kracht te ontwikkelen die geloof wordt genoemd."

Het is duidelijk door het verhaal van T.B. Joshua's jeugd en roeping dat de Bijbel altijd een centraal deel van zijn leven en bediening is geweest. We hebben door de jaren heen geobserveerd dat zijn benadering tot de Bijbel anders is. Hij leest ijverig, maar niet op een academische wijze. En zijn prediking slaagt erin om op een eenvoudige maar diepgaande manier uit te leggen waar de Bijbel naar toe wil. De belangrijkste thema's die door zijn boodschappen lopen reflecteren niet een systematische theologie, maar eerder een nadruk op karaktereigenschappen, zoals geopenbaard door de Bijbel, die belangrijk zijn voor het hart van God.

De Bijbel lezen is een van de veelvoorkomende thema's in zijn preken, en het wordt duidelijk dat het niet hetzelfde is als het lezen van een studieboek of roman, maar dat de hartsgesteldheid van de lezer cruciaal is. We moeten de Bijbel lezen alsof ons leven ervan afhangt.

Meer dan 250 jaar geleden liet John Wesley een gelijksoortige houding zien ten aanzien van het lezen van de Bijbel. In het voorwoord van zijn gepubliceerde preken schrijft hij:

> Ik ben een schepsel van een dag, door het leven gaand als een pijl door de lucht. Ik ben een geest die van God is gekomen, en keer terug tot God. Slechts zwevend over de grote vloed, totdat ik na enkele momenten niet meer word gezien. Ik val in een onveranderlijke eeuwigheid! Ik wil één ding weten – de weg naar de hemel, hoe veilig te landen op die gelukzalige kust. God zelf is gecondenseerd om de weg te onderwijzen. Voor dit doel kwam hij uit de hemel. Hij heeft het opgeschreven in een boek. O geef mij dat boek! Tegen elke prijs, geef mij het boek van God! ... Ik mediteer erin met al de aandacht en ernst waartoe mijn denken in staat is.[11]

Dit is een duidelijk voorbeeld van een houding van aandacht geven aan het Woord van God alsof ons leven ervan afhangt, en dat is ook zo!

Lees het Woord van God alsof je leven ervan af hangt:

Lees het - het heeft een reinigende kracht (Johannes 15:3).
Lees het - het heeft omvormende kracht (1Petrus 1:23).
Lees het - het heeft blijvende kracht (Psalm 119:89).
Lees het - het heeft genezende kracht (Psalm 107:20).
Lees het - het is een gids voor je voeten (Psalm 119:105).
Lees het - het is zo winstgevend (2 Timotheüs 3:16-17).
Lees het - het is jouw Geestelijk wapen (Efeze 6:17).
Lees het - het behoed je voor fouten en zonde (Psalm 119:11).
Lees het - het wijst je naar het leven (Spreuken 6:23).
Lees het - het verblijd het hart (Psalm 19:8).
Lees het - er wordt ons geboden dat te doen (Jozua 1:8).

(T.B. Joshua)

---

11 Wesley, J. (1746). *Sermons on Several Occasions ..; Volume 1.* W. Strahan. Preface

Wie is als mijn Jezus?

"Jezus," bleef ze bidden. "Dit is mijn laatste kans, mijn laatste bushalte; gebruik alstublieft de man van God om mij te helpen, laat mijn baby alstublieft gezond geboren worden."

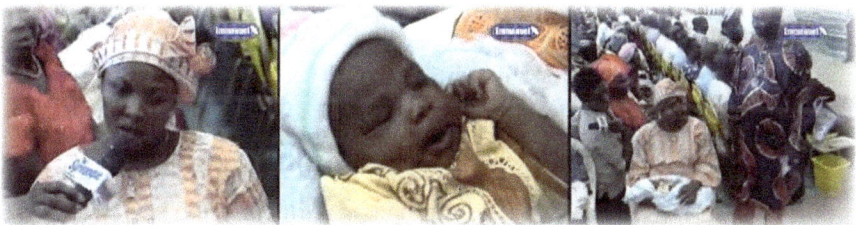

Gekleed in een jurk van oranje stof met bijpassende hoofdsjaal, was ze 's ochtends vroeg met het plaatselijke vervoer naar de SCOAN gekomen en wachtte met de toenemende menigte om gezien te worden door de evangelisten. Nadat ze haar hachelijke toestand had verteld werd ze, tot haar opluchting, in de sektie van de gebedsrij geplaatst, zich bewust van haar opzwellende buik en de baby die niet bewoog. Wat was er gaande in haar baarmoeder?

De altijd sluipende duisternis van angst en teleurstelling probeerden haar geest te infecteren met gedachten zoals: Jij bent hier niet de enige zwangere vrouw vandaag. Kijk naar al deze mensen die wachten op gebed. Waarom zou jij worden geholpen?

Resoluut veegde ze met een zakdoek het zweet van haar gezicht en ging door met bidden: "Heere Jezus Christus laat Uw ontferming en gunst vandaag voor mij spreken; U bent de Genezer, U bent de Schepper van de baby in mijn baarmoeder. Alstublieft gebruik vandaag de man van God om mij te redden!"

Plotseling was het wachten voorbij. In de verte, aan het begin van het looppad, waar al zoveel jaren de gebedsrij had plaatsgevonden, kon ze beweging zien. Het team bewoog heen en weer, camera's waren duidelijk aanwezig, en ze kneep haar ogen samen. Was hij het? "Ja", zei haar buurvrouw, "Dat is T.B. Joshua."

Terwijl hij de rij langsging, zijn hand uitstrekkend om te bidden en profeteren, kwam het team voor hem uit en vroegen aan hen die aan het wachten waren om te gaan staan, terwijl zij zelf achter de stoelen gingen staan.

Hij kwam in lokale beige gekleurde kledij naderbij en met zijn ogen op haar gericht uitte hij een bevel. Voor de rest van haar leven zou ze dat geluid nooit vergeten. Het was een bevel naar haar baby in de Naam van Jezus Christus.

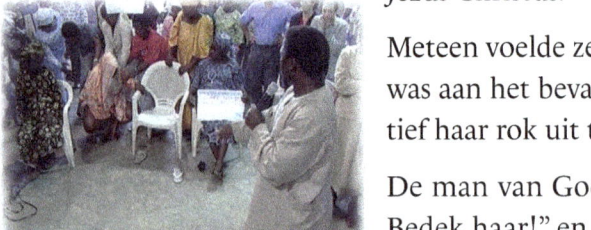
De baby wordt meteen geboren in de gebedsrij

Meteen voelde ze het water vloeien; ze was aan het bevallen en begon instinctief haar rok uit te doen.

De man van God zei: "Nee, nee, nee! Bedek haar!" en wederom, het geluid van autoriteit. Onmiddellijk opende haar doorgang, haar baarmoeder opende, alles ging open, en haar baby, een meisje, viel op de grond gevolgd door de placenta.

Wat erna gebeurde was wazig. De ervaren helpers brachten haar naar het toilet en na controle of de placenta in zijn geheel eruit was gekomen, knipten ze de navelstreng door, wonden haar wonderbaby in een schone doek en brachten haar weg om te rusten.

Wij waren deel van de groep bezoekers toen we met onze eigen ogen getuigen waren van dit ongelofelijke wonder. De volgende dag werden de bezoekers getrakteerd met het zien van een prachtige gezonde baby en hoorden het hele verhaal van hoe ze ziek was en dat de baby in haar baarmoeder niet bewoog. We verwonderden ons en dankten Jezus.

Het kleine meisje gedijde en groeide. Tien jaar later kwam ze terug naar de SCOAN om een vervolg getuigenis te geven en om haar uitstekende voortgang op school te rapporteren.

Kerk van alle natiën

De Heilige Geest had T.B. Joshua ertoe geleid om naar Lagos te verhuizen (de voormalige koloniale hoofdstad van Nigeria) en hem apart te zetten voor het werk van de Heere. Hem werd verteld om zijn bediening te beginnen en deze The Synagogue, Church Of All Nations (de SCOAN) te noemen. Om dit in context te plaatsen: Ikotun Egbe bevindt zich in een onderontwikkeld gebied aan de rand van de uitgestrekte megapolis, waar bijna iedereen Nigeriaan is. De belofte van een kerk voor alle natiën in die buurt leek bijna onmogelijk, zoals Abraham in de Bijbel werd verteld dat hij een vader zou zijn van vele volkeren toen zijn vrouw kinderloos was op de leeftijd van 90 jaar (Genesis 17). En verder was het begin van de SCOAN onder een boom met enkele vrouwen en kinderen niet veelbelovend. Maar het moest zo zijn. T.B. Joshua zegt vaak:

> "Alles wat groot is begint klein, als iets groot begint, dan is er reden tot bezorgdheid."

> "Als een visie van God komt, dan zal er een sterk verlangen zijn om het te laten gebeuren. Zelfs als je niet kan zien hoe, je zult het bereiken. Ongeacht de obstakels op de weg naar jouw bestemming, je zult altijd manieren vinden om bruggen te bouwen die de kloof overbruggen van waar je nu bent naar jouw bestemming." (zie Filippenzen 3:13)

Zelfs voordat er internationale bezoekers naar Ikotun Egbe kwamen, wisten alle kerkleden van de visie dat op een dag de kerk wereldwijd bekend zou zijn met bezoekers van over de hele wereld. Later ontmoetten we iemand die was komen studeren in het VK, die dit frequent had horen zeggen gedurende de begindagen van de kerk en zich afvroeg hoe het mogelijk was dat dit zou gebeuren. Maar ze was ook in de kerk toen er voor de eerste keer een internationale bezoeker verscheen, een blanke pastor uit Zuid Afrika die gehoord had van de wonderen, en ze wist dat God trouw was om Zijn beloften te vervullen.

Groepsbezoeken in de beginjaren

In de jaren 90 waren oprechte gelovigen in Jezus (voornamelijk uit het Westen en van protestantse overtuiging) er klaar voor om de wereld af te reizen in de zoektocht naar opwekking, oftewel het bewijs van de kracht van God in actie. Christelijke gelovigen, eerst in Zuid Afrika en daarna in Europa, de VS en Azië, begonnen te horen over deze man in Nigeria. Hij had een simpele manier van leven in een gebedshut, een rechtvaardige man die door God werd gebruikt. Mensen waren onder de indruk door wat ze hoorden over deze nederige man van God die veel tijd doorbracht in gebed. Uit het bewijs bleek dat God hem machtig gebruikte in tekenen en wonderen.

De kracht van God was overduidelijk en evident, en hadden we niet allemaal kracht nodig? Ja inderdaad, maar zij die de SCOAN bezochten zagen snel in dat het meer om gerechtigheid gaat; eerst het Koninkrijk van God zoeken.

Vanaf ongeveer 1999 begonnen internationale bezoekers te komen. De zieken ontvingen genezing, de onderdrukten werden bevrijd, en er waren veel getuigenissen! Volgend op onze initiële bezoeken in 2001, begonnen we vrienden mee te nemen om deze fantastische kerk te laten ervaren. De groepsbezoeken ontwikkelden zich snel, voornamelijk door mond op mond reclame, zodat er ook anderen meegingen die we nog niet eerder hadden ontmoet.

Er waren veel verschillende mensen die in die tijd groepsbezoeken naar de SCOAN faciliteerden. Bezoekers verwonderden zich over hetgeen God aan het doen was, maar probeerden het ook in

De SCOAN gaat niet om de SCOAN, maar over een nieuw niveau van toewijding aan Jezus Christus

een opwekkingdoos in te passen. Maar dit was anders – een rechtvaardige man, een profeet van Bijbelse proporties, een moderne Jozua. De wonderen en demonstraties van gezag over boze geesten, waarvan sommige visueel verbazingwekkend waren, veroorzaakte een reactie. Soms vol verbazing, soms sceptisch.

Sommigen van hen die zich verwonderden probeerden de buitenkant van hetgeen ze zagen te kopiëren – de stijl van gebed, enz. Anderen werden geïnteresseerd in de SCOAN als een model om kerk te zijn. Maar dit was niet het punt. Zoals we gewoonlijk de mensen vertelden voorafgaand aan hun bezoek: "De SCOAN gaat niet om de SCOAN, maar over een nieuw niveau van toewijding aan Jezus Christus."

Vele bezoekers kwamen met hun boodschappenlijstje van gebedsverzoeken, maar de Heilige Geest zou genezen, bevrijden, zegenen zoals Hij wil! Zoals de 15e-eeuwse Duitse theoloog Thomas à Kempis in zijn klassieker The Imitation of Christ zei: "Homo proponit, sed Deus disponit." of "De mens wikt, maar God beschikt."

T.B. Joshua verklaart enkele gebreken van de boodschappenlijst benadering voor gebed:

"Na mijn bezoek aan de SCOAN voel ik de aanwezigheid van de Heilige Geest die me constant leidt en de liefde van Jezus Christus."
Animesh, VS

"Vandaag de dag denken mensen dat genezing, wonderen, gaven van profetie en alle zegeningen van God worden verricht door de wil van de betreffende persoon. Vandaar dat wanneer je een profeet ontmoet je om gebed vraagt, en het niet uitmaakt of het wel of niet de juiste tijd is. We zijn niet gewend aan een profeet."

DE BEZOEKERSVARING

Het uitgestrekte land Nigeria is normaal gesproken geen bestemming voor internationale toeristen. De meeste mensen reisden er alleen naar toe voor zaken of omdat ze overzees wonen en familie komen bezoeken. Het was vaak moeilijk om visums te krijgen zelfs met een formele uitnodiging van de kerk, hetgeen een vereiste is om op bezoek te komen. De bezoekers worden behandeld als persoonlijke gasten van T.B. Joshua, en in de begindagen werd er niets in rekening gebracht. Toen de aantallen groeiden werden de accommodatie, de maaltijden en het transport in rekening gebracht.

Een Zuid Afrikaanse bezoeker beschreef het verblijf in de SCOAN als een stukje Hemel op aarde. Waarom? Vanwege de vervulling van het Gebed van de Heere: "Uw Koninkrijk kome, Uw wil geschiedde, zoals in de hemel, zo ook op de aarde." Het is een plaats op aarde waar Gods wil wordt gedaan en Gods Koninkrijk voorwaarts gaat.

Er was een geweldig gevoel van gerechtigheid en heiligheid dat men ervaarde tijdens een bezoek aan de SCOAN. Daar nam het verlangen om de Bijbel te lezen toe en men was zich er meer bewust van de zonde en de noodzaak om te veranderen. God was echt en Zijn aanwezigheid kon worden gevoeld. Sommige van de Oost-Europese bezoekers vertelden dat ze engelen in de kerk en op de Gebedsberg zagen. Soms waren er ongewone fenomenen te zien, zoals op een foto die in 2006 werd genomen bij de ingang van de kerk.

De overkoepelende reden voor het bezoek was om God na te jagen voor de redding van de ziel, dichter bij Hem te komen en te groeien in heiligheid. De nadruk lag geheel op iemands geestelijk leven en persoonlijke wandel met Jezus Christus, wiens Naam hoog in ere wordt gehouden in de SCOAN. We vonden het zeer verfrissend.

We vertelden potentiële bezoekers in onze groep ook dat een week in de SCOAN meer als een retraite in een klooster is dan een typische christelijke conferentie, met een vooraf gepland programma van onderwijssessies en bediening. Op elk tijdstip konden de bezoekers worden opgeroepen om te bidden, een onderwijzing te ontvangen, of zelfs om 's nachts naar de Gebedsberg te gaan.

De eetzaal van de bezoekers diende als de algemene ruimte. In de tijd tussen de maaltijden werden de bezoekers meestal aangemoedigd om hun Bijbels en schriften te pakken en naar een selectie van video's met

WIE IS ALS MIJN JEZUS

Bijbels onderwijs en wonderen en bevrijdingen te kijken.

Met de ontwikkeling van Emmanuel TV namen de tv-programma's de plaats in van deze VHS banden. Het heiligdom van de kerk was 24/7 geopend voor persoonlijk gebed en veel bezoekers kozen ervoor om

Fiona op de Gebedsberg in 2005

iedere dag daar 'stille tijd' door te brengen. Er zouden ook bezoeken naar de Gebedsberg zijn, live onderwijs, en soms vraag en antwoord sessies met T.B. Joshua.

Op een keer sprak hij tot de bezoekers en vroeg hen: "Willen jullie Jezus Zijn directe telefoonnummer weten – het nummer dat je moet bellen om een antwoord te krijgen, en niet enkel de lucht vullen met luid geroep?" We luisterden allemaal, trachtend om het te begrijpen, en hij legde het heel simpel uit – het directe telefoonnummer is 'geloven'. Dat is, wanneer we tot God spreken moeten we geloven dat Hij ons zal antwoorden op Zijn eigen manier en tijd. Dan vullen we niet enkel maar de lucht.

Voor de meeste bezoekers waren de hoogtepunten de zondagdienst en in de begindagen ook de diensten op woensdag. We zouden ook vaak worden uitgenodigd om deel te nemen aan de op maandag gehouden nieuwkomers bijeenkomsten. De diensten zouden gewoonlijk de hele dag duren en in sommige gevallen uitlopen tot in de avond. Al de diensten gingen door zelfs te midden van het grote reconstructie project voor de nieuwe kathedraal in 2003.

Constructie van het nieuwe kerkgebouw in 2003

Als groepsleiders kwamen velen naar ons toe en zeiden: "Ik wil dat T.B.

Joshua tot mij spreekt in de dienst; Ik wil mijn probleem met hem bespreken." We zouden altijd hetzelfde antwoord hebben: "Je moet naar de top gaan om tot zijn generaal te spreken, zijn baas – Jezus Christus! Hij is degene die T.B. Joshua instrueert die simpelweg een dienaar is."

Voorafgaand aan de dienst waarin zij gebed zouden ontvangen werden de bezoekers geïnterviewd en hun fysieke diagnosen werden vrijmoedig tentoongesteld op plakkaten. Dit was voor velen een nieuwe benadering, maar de bedoeling was om satan, de boze, voor schut te zetten.

Na het ontvangen van het gebed zouden sommige mensen de aandrang voelen om te braken of hoesten en overtollig speeksel, fleem of zelfs bloed uit te spugen. Dit was voor veel bezoekers een nieuw fenomeen, maar later kwamen we erachter dat het niet begrensd was tot een bepaalde cultuur; het zou plaatsvinden in ander landen waar T.B. Joshua of zijn evangelisten naartoe reisden om te bidden. De respons gaf vaak een vorm van bevrijding van boze geesten aan en ging frequent gepaard met pijnverlichting of andere genezing.

Een sanitair team zou zich bewapenen met handschoenen, dweilen, desinfectiemiddel, emmers, en schoon zand in de vaste verwachting dat Gods kracht op zo'n manier zou manifesteren. Later zouden er speciale dienbladen worden gebruikt tijdens evenementen. In de SCOAN zouden meestal sterke vrouwen van middelbare leeftijd deze rol op zich nemen, prachtig gekleed met hun kleurrijke opgesteven hoofdbedekking.

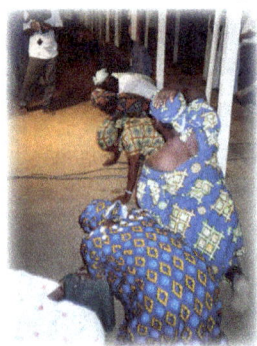

Uitspugen van giftige substanties

De persoon die moest overgeven zou om veiligheidsredenen worden aangespoord om te knielen en niet op de rug te liggen Er werd waakzaam geobserveerd en nadat alles tot een eind was gekomen zou de persoon frisse tissues worden aangeboden om de mond schoon te vegen en een geruststellende helpende arm worden aangereikt om terug op de stoel te gaan zitten.

Het gezag over boze geesten tijdens de dienst was op een niveau zoals we in het boek Handelingen hadden gelezen. Er was een seizoen dat de 'ogbanjes' (demonisch bezette individuen) geestelijk gearresteerd zouden worden door gebed. Zonder enige menselijke aanraking zouden hun benen zich kruislings op slot zetten en er zou meestal tot de volgende dienst voor hen gezorgd worden met Bijbels onderwijs en enkele dagen eten en onderdak. Op dit punt gekomen zouden ze naast het SCOAN altaar in een rij worden gezet, hun belijdenis doen en dan bevrijding ontvangen, waarna ze op hun weg werden gezonden met de aanmoediging om voor Jezus te leven.

> *"Voor mijn bevrijding in de SCOAN vond ik wereldse dingen zo waardevol, maar nu heb ik een doel gevonden in dit leven en voor hierna."*
> **Lerato, Duitsland**

Publieke belijdenis, vaak inhoudelijk seksueel getint, was een integraal deel van de grote bevrijdingsgevallen; het was de manier waarop mensen konden leren en gewaarschuwd worden om niet in dezelfde kuil te vallen. Sommige van de verhalen konden alleen beschreven worden als huiveringwekkend en zeker niet geschikt voor gevoelige oren. Toch waren ze rauw onderwijs voor velen die een afgeschermd leven hadden geleid.

Door de jaren heen zouden verschillende voorbeelden inzichten verschaffen in de geestelijke wereld. Er waren verhalen van maandenlang waken over dode lichamen, allerlei manieren waarop boze geesten het menselijk lichaam en de ziel konden beïnvloeden, en gedetailleerde beschrijvingen van verleidingen die mensen wegtrokken van het gevestigd familieleven in pornografieverslaving, hoererij, geweld, overspel of fraude. Terwijl internet toegang zich meer verspreidde over het uitgestrekte continent Afrika door middel van smartphone technologie, was er een seizoen dat er een specifieke focus was op bevrijding en belijdenis van het frauderen via internet.

De man van God ontmoeten

Meer dan 25 jaar probeerde T.B. Joshua iedere bezoeker individueel te ontvangen – jong en oud, rijk en arm, geschoold en ongeschoold, gelovig en ongelovig, christenen, zij met een ander geloof of geen geloof. Deze ontmoeting was waar iedere bezoeker verlangend naar uitzag. Het was een marathon voor het SCOAN team om te regelen dat iedere bezoeker de man van God kon zien en hen toch op tijd naar de luchthaven te krijgen. Het was een heilige taak waarin het team evangelisten uitblonk.

Men wachtte met een kloppend hart op de stoelen buiten het kleine kantoor. Of men bij het binnengaan 'dhr.' of 'profeet' T.B. Joshua zou ontmoeten bleek afhankelijk te zijn van hoe men de tijd in de SCOAN had doorgebracht en hoe open men stond voor God. Sommigen zagen enkel 'dhr.' en ontvingen een welkom en een handdruk en een zak met geschenken, bijv. video's, preken, T-shirts of gezalfde stickers. Anderen zagen een profeet, een ware gelovige bij wie het Levende Water uit zijn binnenste stroomde, de Heilige Geest, om in hun noden te voorzien door gezalfde profetie en gebed. Maar aan de buitenkant zag het er hetzelfde uit.

> *"Wanneer je dicht bij de man van God bent dan voel je de vrees voor God, een ontzagwekkende atmosfeer en eerbied. Het leidt je tot een diepere verrukking en de heilige vrees voor God."*
> **Julia, Oekraïne**

Diep gerustgesteld dat christen zijn niet een religie was, maar een relatie met Jezus en dat de handelingen van de apostelen vandaag nog steeds plaatsvonden en met onze harten gevuld met de vreugde van God, zou er een warm afscheid van het team zijn en we zouden in de bus stappen om naar de luchthaven te gaan.

Zoals in het geval van een oudere Britse man.

Een bevriende pastor was bezorgd over zijn vader die een overtuigde ongelovige was. Hij nam zijn vader, die aan ernstige staar leed, mee op een van de bezoeken naar de SCOAN. Wat er gebeurde was verbluffend! Deze man van in de 80 werd goed verzorgd maar niet in de gebedsrij geplaatst. In het kantoor met zijn zoon gaf profeet T.B. Joshua hem een persoonlijk woord van kennis, iets dat niemand wist, zelfs zijn zoon niet. De volgende dag in het vliegtuig op weg naar huis huilde de vader en beleed hij het aan zijn zoon, die hem vervolgens leidde in een gebed van verbintenis aan Jezus Christus. Vanaf die dag was de vader anders, hij wilde onderwezen worden in de Schriften. Een korte tijd daarna overleed hij. Fiona woonde de vreugdevolle begrafenis bij waar de pastor zich verblijdde en zijn geloof verklaarde dat zijn vader nu in de Hemel was.

Ons geloof is kostbaarder dan goud. De God die we dienen staat boven de beproevingen en vreugden van dit leven; alleen geloof kan God behagen.

Geloof in actie

Tijdens een onderwijssessie aan bezoekers moedigde T.B. Joshua ons met een vaderlijke glimlach aan: "Je bent op zoek naar genezing, maar als je naar de markt gaat dan begrijp je dat je niet een kledingstuk van €5 kunt kopen met slechts €2. Op dezelfde manier moet jouw capaciteit om te geloven toenemen voor hetgeen waar je naar vraagt. Geloof is een Hemelse valuta die Hemelse dingen koopt. De hoeveelheid geloof die je hebt is gelijk aan de hoeveelheid Hemelse middelen die je ontvangt." Dit was een boodschap die recht voor z'n raap was, die we allemaal konden begrijpen. Dus was de vraag: "Hoe laten we onze capaciteit om te geloven toenemen?" Het antwoord kwam snel:

"Jouw capaciteit om te geloven kan toenemen of afnemen afhankelijk van hoeveel jij je ziel voedt met het Woord van God, de Heilige Bijbel"

We leerden ook dat geloof beproefd moet worden om in onze harten te worden gevestigd en te groeien.

Er waren tijden dat iemands geloof machtig werd beproefd op dezelfde manier als de moeder van de door een demon bezeten dochter, die zowel door Jezus als Zijn discipelen werd genegeerd.

> *"De tocht naar de SCOAN veranderde mijn leven, ik werd bevrijd van de geest van angst. Ik heb geleerd om op een nieuwe manier te denken, en mijn geestelijk leven is gegroeid."*
> **Veronika, Estland**

"En zie, een Kananese vrouw, die uit dat gebied kwam, riep naar Hem: Heere, Zoon van David, ontferm U over mij! Mijn dochter is ernstig door een demon bezeten. Maar Hij antwoordde haar met geen woord. En zijn discipelen kwamen naar Hem toe en vroegen Hem: Stuur haar weg, want zij roept ons na" (Mattheüs 15:22–23)

Jezus beproefde haar geloof. Aan het einde was de lof die Jezus over deze vrouw deed komen een boodschap en een bemoediging voor allen.

"O vrouw, groot is uw geloof..." (Mattheüs 15:28)

Deze gebeurtenis is gedenkwaardig in vele opzichten en we hebben het horen doorklinken in T.B. Joshua toen hij publiekelijk dorpelingen prees voor hun rotsvast geloof in de verlossende kracht van Jezus.

Sommige bezoekers zetten voet op de SCOAN locatie, haalden diep adem, en wisten in hun harten dat ze gearriveerd waren in de arena van vrijheid. Een dergelijk geloof werd ontvangen van God. Of de persoon nou wel of niet in de gebedsrij werd geplaatst, of ze nou in de kerk accommodatie of in een nabij gelegen hotel verbleven, of iemand hen nou wel of niet de handen oplegde in gebed, maakte niet veel uit. Of hun in nood verkerende geliefden nou bij hen waren of dat ze enkel hun foto's hadden meegenomen was van geen werkelijk belang. Zij hadden de Hemelse valuta van geloof in Jezus Christus, onze Middelaar en Pleitbezorger. Zulke mensen zouden vaak de volgende week hun getuigenis geven, duidelijk makend dat er geen methode of magisch stappenplan moest worden gevolgd.

Een SCOAN zondagdienst in 2009

Evenzo kon een persoon deel zijn van een groep, geplaatst worden voor gebed in de gebedsrij en ontvangen van God, maar vervolgens snel weer de zegen verliezen bij het naar huis gaan. We hebben een cruciale rol te vervullen bij het onderhouden van onze zegen!

Alles wat groot is begint klein; ons vertrouwen in God als de Genezer moet worden uitgeoefend in de kleine uitdagingen van het dagelijks leven. Zoals iedere hardloper weet kan men niet zomaar een marathon lopen als men niet eens 5 km kan rennen.

Soms werden bezoekers gevraagd om een foto van een ziek familielid mee te brengen en in proxy voor hen te staan. Voor hen die dit in geloof konden ontvangen werd het bezoek gezien als een mogelijkheid om dichter tot God te naderen en om hun geliefden in Zijn machtige handen

WIE IS ALS MIJN JEZUS

over te geven. Profeet T.B. Joshua zou in zulke gevallen best een profetie van God kunnen ontvangen of een woord van kennis voor die persoon. God beantwoordt ons geloof en niet onze wanhoop.

Andere bezoekers leerden door te wachten dat inderdaad Gods tijd het beste is. We herinneren ons nog goed hoe een Russische dame geen bevestiging ontving op haar verzoek om de SCOAN te bezoeken en ze vroeg zich af waarom. Een aantal maanden verstreken en ze ging later blij mee met een bezoek van een andere groep en ontving gebed voor haar en haar familie in de zondagdienst. De volgende dag ontmoetten we haar aan de ontbijttafel terwijl ze heen en weer liep op zoek naar de vertaler.

Wat was er gebeurd? Buiten adem legde ze uit: "God heeft mijn gebeden beantwoord! Ik kreeg een telefoontje over de echtgenoot van mijn dochter die in de gevangenis zit. Vandaag is hem verteld dat zijn gevangenisstraf met negen maanden is ingekort en hij wordt vrijgelaten!" Ze tilde haar armen op naar de Hemel en proclameerde in het Russisch: "Dank U Jezus!" Waarlijk, Gods wegen zijn niet onze wegen. Hij geneest en zegent zoals Hij wil.

> *"Ik ging naar de SCOAN als een religieus persoon, en ik kwam terug als een nieuw persoon in Christus."*
> **Aushrine, Litouwen**

GETUIGENISSEN VOOR TOEKOMSTIGE GENERATIES

Tijdens Jezus Zijn bediening op aarde brachten de wonderen het volk ertoe om de boodschap van redding te horen. Zoals T.B. Joshua vaak zegt:

> "Een wonder is geen doel op zich, maar een middel tot een einddoel – wat de redding van je ziel is."

Eén van de instructies van de Heilige Geest aan hem was om vanaf het begin van zijn bediening een registratie vast te leggen. Zijn documentaire Mijn verhaal bijvoorbeeld is aldus ondersteund door visueel bewijs vanaf de eerste fasen.

We hebben in de Bijbel een registratie van een aantal van de wonderen in de aardse bediening van Jezus Christus. We lezen hoe een man wachtend bij het badwater van Bethesda al 38 jaar invalide was. Een vrouw die het boord van Jezus' kleding aanraakte had 12 jaar lang gebloed en al haar geld had ze gespendeerd om genezing te vinden. Om deze feiten te kunnen vastleggen moet er iemand geweest zijn die deze mensen heeft geïnterviewd nadat ze genezen waren.

"Jezus nu heeft in aanwezigheid van Zijn discipelen nog wel veel andere tekenen gedaan, die niet beschreven zijn in dit boek, maar deze zijn beschreven, opdat u gelooft dat Jezus de Christus is, de Zoon van God, en opdat u, door te geloven, het leven zult hebben in Zijn Naam."(Johannes 20:31)

De bedoeling van de registratie in de Evangeliën is helder. Het is om de lezer tot een positie van reddend geloof in Jezus Christus te brengen.

T.B. Joshua's intense passie om Jezus verheerlijkt en mensen gered te zien drijft de hele videobediening van de SCOAN en Emmanuel TV.

Een video opname werd vaak genomen vóór, tijdens en na het gebed. Bezoekers zouden kopieën ontvangen van de resulterende getuigenissen op video om mee naar huis te nemen en te gebruiken zoals de Heilige Geest hen leidde. De beroemde VHS band Goddelijke Wonderen deel 5, met daarin de man genezen van anuskanker, zou naar vele landen gaan.

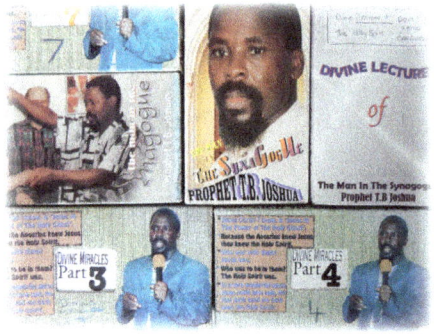

VHS video's van de SCOAN 2000-1

Eén van de vroege aansporingen die we ontvingen was om te proberen om de video's met wonderen naar een wijder publiek te krijgen. We lieten ze aan onze vrienden zien, maar de grotere visie om dit te bereiken, zoals mensen samenbrengen in een bioscoop of club om naar deze machtige bevrijdingen te kijken, bleek, wauw, een uitdaging. Hoe kon dit in het VK plaatsvinden? Profeet T.B. Joshua, een man die achter de dingen ziet, zag hij de toekomst waarin Emmanuel TV YouTube zou bestormen en de mensen over de hele wereld in hun huiskamers de clips zouden bekijken? In die tijd, 2001 en 2002 was het online delen van video's nog niet eens bedacht.

Zoals in andere delen van het leven is er Gods deel en er is ons deel. God werkt het wonder, maar er is veel van ons eigen werk dat in de registratie van dat wonder gaat zodat het duidelijk word gecommuniceerd. Dat is waarom zij die voor gebed naar de SCOAN komen meestal worden geïnterviewd tijdens de registratie en gevraagd worden om een officieel medisch rapport te overleggen als het een medische aandoening betreft. De tijd van het interviewen geeft ook een mogelijkheid om hen die genezing zoeken raad te geven en, in sommige gevallen, hen te adviseren om additionele stappen te nemen om eerst hun geloof in Jezus Christus op te bouwen.

> *"Na ieder bezoek aan de SCOAN verandert Jezus ons karakter, onze gewoontes en onze gezindheid."*
> **Rytis, Lithuania**

Tijdens het daadwerkelijke gebed is het camerateam een cruciaal onderdeel van de bediening. Slechts een handvol mensen kunnen het gebed duidelijk voor hen zien; duizenden meer kunnen het op schermen zien die in de kerk zijn gepositioneerd; potentieel miljoenen meer kunnen het zien via live uitzendingen en opgenomen clips. Daarom is het belangrijk, voor de heerlijkheid van God, dat de camera's een vrij zicht hebben.

Onvermoeibare teamleden blijven lang nadat de dienst is afgelopen om hen die een onmiddellijk getuigenis hebben te interviewen. Ook zij die een ervaring hebben om te delen die anderen kunnen aanmoedigen tot geloof in Christus worden geïnterviewd.

GODDELIJKE GENEZING

> "Goddelijke genezing is de bovennatuurlijke kracht van God die gezondheid brengt aan het menselijk lichaam."

Het fysieke bewijs van het bovennatuurlijke dat veranderingen brengt in ons lichaam, hetgeen we goddelijke genezing in de Naam van Jezus Christus noemen is geen magie; het is niet één of andere abstracte kracht. We ontvangen het door genade en we houden het vast door geloof. Goddelijke genezing, bevrijding en doorbraak zijn vrij beschikbaar door het kruis van Jezus Christus.

Zoals T.B. Joshua regelmatig onderwijst is genezing in de Bijbel een belofte die gerelateerd is aan Jezus' offer aan het kruis:

> "Al de straf die Jezus Christus ontving voor en tijdens Zijn kruisiging was voor de genezing van onze geest, ziel en lichaam."

> "Christus betaalde voor jouw perfecte en volledige genezing toen Hij aan het kruis stierf." (zie 1 Petrus 2:24)

> "Er is slechts één grond voor het claimen van genezing/zegen/redding/bescherming – door Zijn striemen."

> "Het kan zijn dat je geen genezing hebt ervaren, maar dat wil niet zeggen dat Hij er niet in heeft voorzien; door Zijn striemen zijn wij genezen."

Vele andere mannen en vrouwen van geloof hebben door de jaren heen ook het principe van goddelijke genezing door middel van de verzoening onderwezen. A.B. Simpson (1843-1919) bijvoorbeeld, de oprichter van de christelijke en missionaire alliantie schreef:

> De verzoening van Jezus Christus bedekt onze ziekten en voorziet solide grond om, in Zijn Naam, goddelijke genezing te claimen door simpel geloof, en als we wandelen in heilige gehoorzaamheid, dat uiteraard het onmisbare element is waarbinnen we enige zegen van het Evangelie kunnen blijven ontvangen.[12]

Begrens God niet

Jezus heeft in genezing voorzien, maar T.B. Joshua onderwijst ook vanuit de Bijbel dat we God niet behoren te begrenzen tot zekere antwoorden op gebed.

"Wanneer je bid, zou je God niet moeten begrenzen tot bepaalde antwoorden; laat je gebed dankzegging zijn. Niet alleen voor hetgeen Hij gedaan heeft, maar voor waartoe Hij in staat is om te doen, want we weten misschien niet in welke mate we Hem nodig hebben. Hij is in staat om meer te doen dan we ooit zouden kunnen dromen."

Wij als mensen kunnen erg veeleisend zijn. We zitten misschien rustig in

---

12 Simpson, A.B. (Aug 1890). *Divine Healing in the Atonement*, Christian and Missionary Alliance Weekly, pp. 122–124

Wie is als mijn Jezus

de kerk, maar deze en andere vragen zouden door onze harten kunnen razen:

- "Het hangt allemaal van God af, Hij is degene met de kracht; Hij kan me genezen als Hij dat wil."
- "Ik heb een hoop geld gespaard en betaald (of geleend) om hier te komen, en daarom moet God mijn gebed beantwoorden!"
- "Mijn naaste familielid is bijna dood; Jezus moet haar vandaag aanraken."
- "Ik kan mijn werksituatie niet langer verdragen; de man van God moet vandaag tot mij spreken."
- "Ik bid de hele nacht tijdens de nachtwake; ik vast; ik roep de hele dag door; daarom moet God mij horen."
- "Ik heb jarenlang mijn tienden betaald, ik ben een goed kerklid en ik help mee om les te geven op de zondagschool. Waarom zouden al deze ziekten mij kwellen?"
- "Ik heb al mijn geld gespendeerd, alle goed bekend staande alternatieve therapeuten en sangomas (kruidendokters, toverdokters) in mijn land bezocht, maar ik ben er niets mee opgeschoten. Kan deze man van God mij helpen?"
- "Eigenlijk geloof ik dit allemaal niet, maar ik heb gehoord dat deze pastor enige kracht heeft, misschien dat hij me zal helpen."

Het terugkerende thema dat door de bemoediging loopt die aan allen die lijden wordt gegeven, is dat Jezus nooit beloofd heeft om gelovigen weg te houden van moeilijke tijden of beproevingen, maar om ons erdoorheen te helpen. Zoals T.B Joshua vaak zou uitleggen:

> "Of Jezus mij nou wel of niet geneest, Hij is mijn Genezer; of Hij me nou wel of niet zegent, Hij is mijn Voorziener in zegeningen."

> "Leren hoe je God kunt horen na het bidden is een veel grotere zegen dan waarnaar jij op zoek bent."

Wederom zien we dat christen zijn geen religie is, een formule of een techniek tot succes, maar een persoonlijke relatie met God door middel van Jezus Christus.

Evelyn uit Hongarije is een van de velen die goddelijke genezing hebben ontvangen door gebed in de SCOAN. De fysieke vooruitgang is een grote zegen, maar de groei in de relatie met God is een nog grotere.

> Ik verloor mijn gehoor in mijn rechteroor toen ik een kind was. De reden hiervoor was onbekend en ondanks allerlei behandelingen en het verwijderen van mijn amandelen was er geen verbetering. Uiteindelijk vertelden de doktoren mij dat de zenuwen waren beschadigd en dat er geen oplossing was voor mijn probleem, hetgeen een hoop ongemakken veroorzaakte in mijn dagelijks leven. Als volwassene bleef ik dezelfde diagnose krijgen en buiten het gebruik van een hoortoestel, dat oncomfortabel en vreemd om te gebruiken was, was er geen oplossing.
>
> Na meer dan 30 jaar van deze doofheid, bracht slechts één aanraking uit de Hemel door middel van de man van God, profeet T.B. Joshua (in 2016) een eind aan deze toestand. Mijn oor was geopend en mijn getuigenis ging de wijde wereld in en bereikte mensen in verschillende natiën en continenten.
>
> Echter het grootste wonder was niet mijn genezing, maar het feit dat ik heb deelgehad aan de genade en zalving van een profeet van God, die mij de grootste zegen van alle zegeningen gaf: Ik heb geleerd om Gods proces en timing te volgen en om te bidden volgens Zijn wil door Zijn Geest. Er zijn geen woorden voor om mijn dankbaarheid te uitten; een leven voor Jezus is alles wat ik heb.[13]

God en medicijnen

Het feit dat Jezus vandaag nog steeds geneest doet niets af van het nobele werk van het medisch beroep in het stellen van diagnoses en het ons behandelen wanneer we ziek zijn.

> "Als je God niet kunt vertrouwen met medicijnen, kun jij God ook niet vertrouwen zonder medicijnen."

T.B. Joshua proclameerde deze boodschap in een live zondagdienst op Emmanuel TV. Hij herhaalde het zeggende: "Schrijf het op!"

Het is niet een of dit of dat situatie – of je gebruikt medicijnen in plaats

---

[13] Privé communicatie

van op God te vertrouwen, of je vertrouwt God in plaats van medicatie te gebruiken. Maar veeleer over je relatie met God. Als we niet geloven dat Jezus bij ons is door middel van Zijn Woord, met Zijn Geest in onze medische behandeling, zullen we het misschien uitdagend vinden om God Zijn beloften in de Bijbel over bovennatuurlijke genezing te geloven.

In de vele jaren van het faciliteren van tientallen internationale groepen om de SCOAN te bezoeken, is het duidelijke geworden dat er vele verschillende meningen zijn over genezing en bevrijding. Deze kunnen variëren van hen die geloven dat het tijdperk van wonderen is uitgestorven toen de apostelen overleden. Dat God nu alleen helpt door de wonderen van moderne geneeskunde. En anderen die elk symptoom en ziekte inkaderen in geestelijke termen, een aanval waarvoor enkel bevrijding door gebed nodig is.

We zijn ook een gedachtenschool tegengekomen die denkt dat alles met geld te koop is of opeisbaar op onze voorwaarden, vooral wanneer verbonden met gezondheidsproblemen waar doktoren niets aan konden doen. Echter zoals de heiligheid van de Bijbel niet te koop is, zo is genezing ook niet te koop of beschikbaar omdat we luid genoeg roepen. Het onthulde een aanname in de persoon dat deze 'kracht' ergens is opgeslagen en dat meer smeken en er een beroep op doen het naar buiten zou dwingen.

Verschillende culturen zouden verschillen manieren gebruiken om hun problemen te beschrijven. Zij die uit landen komen met meer ontwikkelde gezondheidszorg zouden met betrekking tot zekere ziektes spreken over 'erfelijke familiekwalen', bijvoorbeeld, hartproblemen en kanker die in hun familie voorkomen. Men zou erachter komen dat veel van zulke mensen naar God zouden rennen als laatste redmiddel wanneer al het andere bleek te hebben gefaald.

Zij van culturen met andere benaderingen tot gezondheid, waar mensen zowel de kerk of de lokale kruidendokter (toverdokter) als de medische dokter raadpleegden, zouden meer relateren aan de term voorouderlijk of familievloek. In feite of er nu gerefereerd werd aan erfelijke familiekwalen of aan familievloek, de effecten in mensenlevens over de continenten heen waren vaak vergelijkbaar.

Sommige mensen kwamen erachter dat ze meer kans op complicaties hadden tijdens de behandeling van hun ziekte terwijl anderen er goed op reageerden. Sommige families waren vatbaar om te sterven aan ziekte of ernstige ongevallen op een jonge leeftijd terwijl anderen werden gespaard. T.B. Joshua legt uit dat als ziekte een vloek word, dat dan alleen Jezus de vloek kan verwijderen.

Het leven is een slagveld. Tijdens een dienst sprak hij publiekelijk: "Laat me jullie het gezicht van kanker laten zien" en een woord van gezag uitsprekend over een vrouw in de gebedsrij die een kankerpatiënt was, liet haar gezicht meteen veranderen in een kwaadaardige demonische gelaatsuitdrukking.

In sommige gevallen zou een bevrijding tot onmiddellijke genezing leiden terwijl anderen erachter kwamen dat na gebed hun aandoening anders op de behandeling zou reageren. We kwamen tot het inzicht dat er geen simpele antwoorden zijn behalve dan om Jezus dag in dag uit te vertrouwen door de stormen en wisselvalligheden van het leven heen.

Doktoren behandelen, God geneest

Vanaf de vroegste tijden van het christendom staan christenen bekend om het zorgen voor de zieken.

Er zijn vele voorbeelden van godsvruchtige doktoren en chirurgen die God hebben gezien als degene die hen inspireert om de specialistische vaardigheden te verkrijgen die nodig zijn om complexe chirurgische operaties uit te voeren. Er zijn ook die godsvruchtige gelovigen wier onderzoek in de geneeskunde zou leiden tot grote ontdekkingen in het verzachten van het lijden. Een voorbeeld is Alexander Flemming, de ontdekker van antibiotica, die de beroemde uitspraak deed: "Het onvoorbereide verstand kan de uitgestrekte hand van mogelijkheden niet zien." En: "De natuur maakt penicilline; ik heb het net gevonden."

God is inderdaad de God van de natuur zoals T.B. Joshua vaak heeft gezegd en medicatie is werkzaam op het gebied van de natuur. Een boer die een zaad plant en verwacht dat het groeit zonder het op te graven om het te controleren, heeft geloof in de natuur zonder dat hij een definitieve belofte heeft. Zo zouden ook gelovigen in Christus geloof moeten hebben in de God van de natuur, vooral omdat ze zoveel beloften hebben die in de Bijbel staan opgetekend.

T.B. Joshua heeft altijd het grootste respect getoond voor het medisch beroep, maar heeft benadrukt dat Gods dienaren en medische doktoren zouden moeten samenwerken. Door de jaren heen hebben veel mensen om hulp gevraagd voor hun aandoeningen, waarna hij hen ondersteund heeft om een specialistische medische behandeling te ondergaan. Bij zulke gevallen legde hij uit:

> Als er een patiënt voor mij staat, dan vraag ik God: "Wat wilt u dat ik doe Heere?" Als God zegt: "Breng hem naar een dergelijke plaats" – ik ken mijn grens. Ik moet een grens hebben, want ik ben God niet; het is alleen God die geen grens heeft. Als het op kwesties als dit aankomt, ik ben een dienaar. Ik kan alleen datgene doen wat mij gegeven is om te doen; ik kan niet meer doen dan wat mij is gegeven.
>
> Dus dit is een voorbeeld van samenwerking – Gods dienaar en medische doktoren. Als iemand in de operatiekamer is dan zal Gods dienaar in een houding van gebed zijn gedurende de operatie, zodat de dokter niet eens zelf degene is die de operatie uitvoert. God zal enkel zijn hand gebruiken om de operatie te doen.[14]

"Man van God, help mij alstublieft!" Tijdens een zondagdienst kon een jonge lokale Nigeriaan zijn emoties niet in de hand houden. "Ik ben gewond geraakt tijdens mijn werk voor de bank en door de verwondingen is mijn leven negatief beïnvloed. Ik kan niet normaal urineren, ik heb een katheter en ik ben nog een jonge man…" Zijn stem stokte. T.B. Joshua begreep het.

Hij riep een aantal medische doktoren die de dienst bijwoonden en vroeg hen om de jongeman, genaamd Gift, privé te onderzoeken en bracht de situatie bij God voor wijsheid. Ondertussen begon de man met een kloppend hart hoop te

Dhr. Gift deelt zijn getuigenis

---

14   *If God's Servants And Medical Doctors Work Together*, TB Joshua Ministries Facebook Post, 14 jul 2020

hebben, iemand was bezorgd over zijn toestand. Christen zijn is praktisch.

Al snel kwam de oplossing; medische pogingen om hem te helpen in Nigeria hadden gefaald, maar een specialistisch ziekenhuis met chirurgen die getraind waren tot een hoger niveau zouden Gods antwoord kunnen zijn. En zo zou het zijn. De bediening bekostigde de vlucht van dhr. Gift en twee personen die hem vergezelden naar een prestigieus ziekenhuis in India met dekking van alle onkosten. Dit was een jongeman die hiervoor nog nooit in een vliegtuig had gezeten of in bezit was geweest van een internationaal paspoort. De complexe correctieve chirurgische ingreep werd daar succesvol uitgevoerd.

Dhr. Gift keerde vol blijdschap terug om met een dankbaar hart te getuigen dat zijn lichaam nu functioneerde. Hij kon normaal urineren en de katheter was nu een wazige en ver verwijderde herinnering.

Toen we dit zagen waren we zo dankbaar voor de wijsheid van God in het instrueren van Zijn dienaar om de ene situatie zo te behandelen en een andere situatie op een andere manier.

Gevoeligheid voor de kwetsbaren

Een aspect van Gods wijsheid in T.B. Joshua betreft een voorzichtigheid ten aanzien van het bidden voor hen in de kwetsbare categorie. Dit kunnen autistische kinderen zijn, zij die geestelijk gehandicapt zijn, en zij met mentale ziekten onder langdurige medicatie.

Er is geen suggestie van 'één maat past iedereen' of dat iedereen toediening van bevrijding nodig heeft. We hadden in plaatsen gereisd waar kwetsbare mensen niet met zoveel begrip werden behandeld wat kan leiden tot potentiële pijn en teleurstelling.

Al in het begin, tijdens een groepsbezoek uit het VK, was er een leerzame ervaring van wat er kan gebeuren wanneer we in het licht komen van de 'arena van vrijheid' zoals de SCOAN zou worden genoemd. Een Britse zakenman ging mee met een bezoek aan de SCOAN maar liet het noemen van zijn mentale gezondheidsprobleem achterwege en dat hij meer dan eens opgenomen was geweest in een wel bekende psychiatrische inrichting. Aanvankelijk groette hij profeet T.B. Joshua in de

WIE IS ALS MIJN JEZUS

gebedsrij door eerbiedig voor hem te knielen en zijn hand te kussen (alsof hij de paus ontmoette). Later verscheen hij echter in de eetkamer in losse witte kleding, mentaal verstoord en met zijn haar door de war. Hij hield een kruis vast en maakte onbeschofte expliciete opmerkingen naar iedereen. Het leek op een scène uit een slechte film.

Maar T.B. Joshua, met de wijsheid van God, ging niet in een 'exorcist' sessie. In plaats daarvan zorgde hij ervoor dat er goed voor de man werd gezorgd en dat er altijd iemand bij hem was zodat hij niets stoms zou doen als hij in verwarde toestand zou verkeren. Vervolgens onderwees hij met voorzichtigheid aan vooral de mensen die hem kenden in de groep uit het VK, dat er verschil is in omgaan met mentale ziekte en demonische bezetting. De man reageerde op de liefde die hem werd betoond zodat hem werd toegestaan om op de vlucht terug naar huis te stappen.

GEZALFD BIJBELONDERWIJS

De groepsbezoeken aan de SCOAN waren ook tijden van geestelijke voeding door het bestuderen van het Woord van God. We zaten in de plastic stoelen met onze Bijbels liefdevol opengeklapt op onze schoot, wachtend op een veel te kort durende onderwijssessie.

"De Jezus die ik ken" zou T.B. Joshua ons vertellen "is Jezus in de kracht van de Heilige Geest." Hij waarschuwde ons om de Bijbel niet te lezen met aanstoot en overgevingsgezindheid in onze harten. Hij nam ons mee op een reis om te begrijpen dat:

> "Het boek Handelingen is geen geschiedenis maar het patroon van hoe de kerk zou behoren te zijn."

Men zou beginnen te begrijpen, als door een verduisterd glas, hoe het 'heilige' deel van de heilige Bijbel een schatkist is vol met kostbare juwelen. Het is niet de Bijbel van geschiedenis en architectuur en beschavingen uit de oudheid die teruggaan tot het begin van de tijd, maar de Bijbel van heiligheid, berouw, overtuiging, troost en toevlucht, het Brood des Levens, water voor de dorstigen en een wegenkaart voor de verlorenen.

Het bleek dat allen die eerst het Koninkrijk van God en Zijn gerechtigheid wilden zoeken het Bijbels onderwijs van T.B. Joshua verslonden, waardering hebbend voor de simpelheid en diepte ervan. Aan de andere kant, zij die meer geïnteresseerd waren in het ontvangen van een impartatie van kracht, leken zich minder bewust van het belang ervan. Het Bijbels onderwijs kwam verpakt met beetklare citaten waarnaar gerefereerd werd als zijnde citeerbare citaten. Dit waren spreuken in een moderne versie, bijvoorbeeld:

Spreekbuis van God preeknotities 2003

"Ware nederigheid betekent totale afhankelijkheid van God in alle dingen."

"Met je woorden schilder je constant een publiek plaatje van je innerlijke zelf."

Veel van deze citaten waren het resultaat van T.B. Joshua's constante meditatie in de Bijbel. Deze werden zeer serieus genomen door de kerkleden en verschenen altijd in de preeknotities van de kerk die aan de bezoekers werden gegeven en wekelijks werden gekocht en gekoesterd door de kerkleden.

Het onderwijs was zo leerzaam dat sommige bezoekersgroepen de video's van het Bijbelonderwijs in de eetkamer zouden kijken en notities nemen. Daarna zouden we allemaal bij elkaar zitten en erover praten. Een ieder zou zeggen: "Wat heb jij opgeschreven? Laat me eens kijken zodat ik mijn notities kan aanvullen."

Later toen het aantal internationale bezoekers toenam, zouden er regelmatig momenten van Bijbelonderwijs worden ingepland met vraag en antwoord sessies aan het eind van iedere onderwijzing. De bezoekers genoten hier met volle teugen van.

T.B. Joshua legde uit dat onze relatie met God diep, dieper of diepst zou kunnen zijn. Al snel was door het Bijbelonderwijs het verlangen gecreeerd om meer van God te hebben. En dat was belangrijker dan het vergelijken van de wonderen of 'rauwe belijdenissen'. Na een bezoek aan de SCOAN was men zich meer bewust van zonde, nederiger, meer gewillig om te vergeven, minder geneigd om te roddelen, men hield meer van de Bijbel en wilde er meer in lezen. De aanwezigheid van God in Zijn heilige Woord was echt. Zoals altijd was het zaak om het vast te houden

Naar de natiën

De eerste reeks van grote internationale evangelisatie-evenementen (gebruikmakend van diverse titels afhankelijk van de gevoeligheden van het gastland) vond plaats tussen 2005 en 2007. Deze toonden aan dat dit werk van God nationale en culturele grenzen kon overschrijden en in essentie hetzelfde bleef. Dit zou grotendeels zo zijn omdat T.B. Joshua hetzelfde bleef in het onderhouden van dezelfde toewijding aan gebed, en dezelfde verbintenis om God te gehoorzamen in plaats van mensen te behagen, hetzij in Lagos of in het buitenland.

Behalve een eerder evenement in Ghana, hebben we het privilege gehad om op al de grote internationale evangelisatie-evenementen met T.B. Joshua aanwezig te zijn. Vaak als leden van het voorbereidende team.

Botswana voor Christus

Met vreugde in onze harten reisden we naar het uitgestrekte land van Botswana met een relatief kleine bevolking gelegen in Zuidelijk Afrika. We sloten ons aan bij het team om te helpen met de voorbereiding van de komst van T.B. Joshua naar de hoofdstad Gaborone. We vlogen naar Johannesburg, reden vanaf Zuid-Afrika naar de grens en maakten kennis met de

Fiona in Botswana in maart 2005

hitte van Gaborone. Het verblijf bij een lokale familie met slechts een simpele ventilator en geen air conditioning was een goede oefening voor onze toekomstige reizen naar Pakistan voor Emmanuel TV. Daar was de elektriciteitsvoorziening één uur aan en één uur uit en er was zeker geen air conditioning. Een last minute verzoek van het team om nationale vlaggen te kopen deed ons in een winkel met sportartikelen belanden om op korte termijn aan het benodigde aantal te kunnen komen.

T.B. Joshua's aankomst in Botswana

We waren daar met vele anderen bij de aankomst van T.B. Joshua op 7 maart 2005.

"Ik ben zo opgewonden" zei een dame tegen haar buurvrouw "T.B. Joshua komt naar ons land. Weet je ik heb vorig jaar de SCOAN bezocht en waarlijk sindsdien is mijn leven veranderd." — "Waar heb je die nationale vlag van Botswana vandaan?" — "Ga en vraag het aan die Britse mensen; zij delen ze uit." — "Wacht, daar is de auto! Is dat hem?" — "Hij komt eruit! Hij is zo eenvoudig gekleed!" — "Hij spreekt tot ons!"

"Het is tijd om met onze mond uit te spreken wat we in ons hart geloven. Ik ben hier waarvoor ik geboren ben, waar ik voor leef en waar ik voor zal sterven — om mensen te vertellen over Jezus de Redder, Genezer en Bevrijder."

Er was geen kletspraat, geen verspilling van woorden, slechts een expressie van hetgeen in zijn hart was.

Op de eerste avond van de crusade in het nationale voetbalstadion, sprak T.B. Joshua tot een jongeman die vanwege een auto-ongeluk met krukken liep.

"Je zou er klaar voor moeten zijn om voorbij genezing te kijken. Zoek redding. Ik ben hier voor de redding van jouw ziel."

De foto's van de schroeven in zijn botten tonend en klagend over de pijn, riep de jongeman genaamd Godfrey uit:

Naar de natiën

"Ik wil dat Jezus mij volledig geneest!"

"Genezing is geen doel op zichzelf, het is een middel om een doel te bereiken, je zou er klaar voor moeten zijn om Jezus te volgen. Als je genezen bent, zoek dan een levende kerk. Iedereen kan zegen ontvangen, maar niet iedereen kan het vasthouden."

"Ik ben er klaar voor om na mijn genezing Jezus te volgen."

"Ga niet naar de plaatsen waar Jezus niet welkom is."

Vervolgens ontving dhr. Godfrey gebed en wonderlijke genezing en kwam de volgende dag terug om publiekelijk te getuigen en om te laten zien dat hij niet langer zijn krukken nodig had.

Profeet T.B. Joshua liep urenlang tussen het publiek op dat voetbalveld en bad voor velen zoals dhr. Godfrey en gaf accurate persoonlijke profetieën aan vele anderen.

Dhr. Godfrey ontvangt genezing in Botswana

En toen, in de vroege uren van de ochtend, bad hij voor regen. Botswana bevond zich in een ernstige droogte die het boerenbedrijf, dat een integraal deel vormde van de infrastructuur van de natie, negatief beïnvloedde. Terwijl hij het gebed aanbood staande op het voetbalveld van dat stadion, verbaasden we ons toen er meteen wat regen begon te vallen – een goddelijk teken van de snel volgende verandering in het klimaat van de natie.

Korea voor Christus

In de daaropvolgende jaren zou T.B. Joshua een aantal Aziatische landen bezoeken met het Evangelie.

Een reeks Zuid-Koreaanse bezoekers had de lange reis naar de SCOAN gemaakt omdat ze gehoord hadden over wat God allemaal aan het doen was. Er kwam een uitnodiging die het begin zou inluiden van drie belangrijke evenementen in Zuid-Korea. De eerste locatie was het Anyang Sport Complex nabij Seoul.

Het was mei 2005 en profeet T.B. Joshua was voor individuen aan het bidden voor genezing en bevrijding. Een voorbeeld van de vele wonderen was een jongedame die uitlegde hoe ze haar been had gebroken door een ongeluk en nu niet meer kon lopen zonder krukken. Ze verklaarde onder tranen: "Ik wil kunnen rennen!" Volgende op het gebed en voor iedereen zichtbaar begon ze te rennen in vrijheid.

Toekijkend hoe T.B. Joshua voor een meisje met loopproblemen bad, merkten we op dat ze met eerbied zijn hand vasthield en hem een kus gaf. Dit soort ontmoetingen herhaalde

Een jongedame ontvangt genezing in Korea in 2005

zich door de jaren heen; er zouden kinderen zijn die tegen de man van God zeiden: "Ik hou van jou" zonder hiertoe aangespoord te worden.

Het nieuws ging rond dat er een man met een gezalfde genezingsbediening in de stad was en grote aantallen mensen overspoelden het sportcomplex op zoek naar genezing. Ze hadden het nodig om de boodschap te horen! De crusade was gepland voor een duur van vier dagen. De boodschappen die profeet T.B. Joshua geleid door de Heilige Geest predikte, behandelden kritieke kwesties voor het ontvangen van goddelijke genezing.

In de eerste boodschap *Jouw rol deel 1* maakte hij duidelijk dat genezing of verlossing ontvangen niet helemaal van God afhankelijk is. Wij hebben namelijk ook een rol te vervullen; geloven. In deel 2 van deze boodschap benadrukte hij: "Ik ben niet de genezer, ik heb geen kracht van mijzelf. Ik ben God niet; ik ben Zijn dienaar. Ik kan alleen gaan waar God wil dat ik ga."

De Korea voor Christus Crusade in 2005

De derde boodschap ging over zonde *Jouw werkelijke vijand*. "Jouw vijand kan niet over jou heersen, controle over jou hebben, of jou bevelen geven zonder zonde. Dus daarom is zonde jouw werkelijke vijand." De laatste boodschap was een

Naar de natiën

aanmoediging, *God is altijd goed.* Onderwijzend vanuit het leven van Job moedigde hij de menigte aan: "Of jij nou wel of niet word genezen, of profeet T.B. Joshua jou wel of geen persoonlijke aandacht geeft, blijf trouw aan Jezus, want genezing is voor de redding van jouw ziel."

Volgend op de crusade werd er een conferentie voor pastors gehouden in een retraitecentrum buiten de stad. Toen T.B. Joshua bad om impartatie voor de pastors werd het als een wilde opwekkingssamenkomst, met pastors die vielen en overweldigd werden door vreugde zonder te worden aangeraakt.

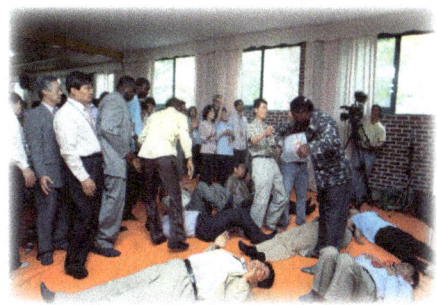

De 2005 Pastors Conferentie in Korea met T.B. Joshua

Zelfs de cameraploeg van de SCOAN die worstelde om staande te blijven terwijl ze 'gezapt' werd door de Heilige Geest, ontsnapte niet aan de zalving, De Heilige Geest was aan het werk en zoals altijd was de uitdaging voor iedereen om de aanwezigheid van God vast te houden in plaats van deze vervolgens te verliezen.

Australië voor Christus

Een lid van het Parlement verwelkomt bezoekers bij de Australië voor Christus Crusade met T.B. Joshua in 2006

De Australië voor Christus crusade was een openlucht evenement gehouden in Blacktown Internationaal Sportpark in Sydney op 24 en 25 maart 2006. De locale burgemeester en een lid van het parlement gaven het officiële welkom. De christelijke voorganger die T.B. Joshua introduceerde was de gerespecteerde oudere evangelist Bill Subritzky uit Nieuw Zeeland. Hij had de SCOAN bezocht met een groep pastors. Bij zijn terugkomst was hij een instrument geweest in het getuigen van wat God aan het doen was door middel van T.B. Joshua door het promoten van de wondervideo's. Hij was zich bewust van de controverse en vervolging die de bediening omringde. Op de openingsavond bevestigde hij hoe God T.B. Joshua machtig gebruikte en beëindigde zijn introductie met de woorden: "Dus prijs God voor deze bediening!"

T.B. Joshua en Bill Subritzky tijdens de oproep tot bekering

Naast de opmerkelijke gevallen van genezing, bevrijding en profetie, was een andere noemenswaardige gebeurtenis van het hoofdevenement de oproep tot bekering. Deze werd gezamenlijk door Bill Subritzky en T.B. Joshua uitgevoerd na de boodschap van redding.

Voor een zekere man begon het leven te veranderen toen profeet T.B. Joshua recht op hem afliep op het sportveld en begon te profeteren. Hij vertelde hem dat hij zag dat hij een drugsverslaafde was en dat zijn zoon terug in zijn leven zou komen. Hij hield zich vast aan deze profetie totdat die uiteindelijk in vervulling ging. In 2016 werd er op zijn deur geklopt en de zoon die hij al 21 jaar niet had gezien stond voor hem. Een verbluffende reünie volgde, die ertoe leidde dat zijn zoon in zijn huis kwam wonen. In 2017 bezocht hij de SCOAN om de profetie te bevestigen en te getuigen hoe het zijn leven had veranderd.

Na het openlucht hoofdevenement waren er twee andere belangrijke samenkomsten. De eerste was een pastors conferentie gehouden in de Bowman Hall in Blacktown. De zaal was bomvol want velen wilden hem horen. De conferentie begon met een aantal getuigenissen van de crusade waaronder een dame die uit een rolstoel was opgestaan en nu verscheen in mooie kleding en met hoge hakken. Vrolijk getuigde ze van haar genezing van osteoporose en reumatoïde artritis

T.B. Joshua hield een preek getiteld *Dit Soort* (genomen uit Markus 9:29) waarin hij uitlegde dat er verschillende niveaus van geloven zijn en vandaar ook verschillende niveaus van de vervulling van de belofte dat: "Alle dingen mogelijk zijn voor wie gelooft" (Markus 9:23). Hij benadrukte dat wat onze capaciteit om te geloven beperkt aan de binnenkant zit, niet aan de buitenkant. Dat is de reden dat we ons geloof opnieuw moeten instellen. Hoe? Door de instructies van het boek Jozua 1:8 op te volgen. Het Woord van God niet laten wijken uit onze mond, het dag en nacht overdenken en vervolgens doen wat het zegt.

Na de prediking en een tijd van gebed voor heiliging, begon hij te profeteren. De eerste profetie was voor een vrouw met een 'geest van een slang'. Onmiddellijk stapte er een jonge blanke dame naar voren en met trillende stem legde ze in haar kenmerkende Australische accent uit dat ze zich als tiener had aangesloten bij een cult, waar ze rauwe dode slangen aten zodat de geest van een slang naar binnen zou komen. Gebed voor bevrijding en een blij getuigenis van haar vrijheid volgde.

De tweede additionele samenkomst was voor zakenmensen. T.B. Joshua hield zich niet in bij zijn prediking die op velerlei wijze een profetische waarschuwing was voor de Westerse wereld. Hij herinnerde iedereen eraan dat de dood zou komen, maar niemand weet wanneer dat zal zijn en dus zouden ze er klaar voor moeten zijn. Ze zouden aan God het beste van hun tijd moeten geven in plaats van haastig naar de kerk te gaan en tijdsrestricties op God te zetten.

Door de eeuwen heen zijn er verslagen geweest van dienaren van God waarin staat dat simpelweg bij hen in de buurt zijn, of objecten die ze recent hebben aangeraakt, verrassende reacties uitlokt. Na de crusade in Australië ging T.B. Joshua met het team mee om in een restaurant in Sydney te eten. Nadat hij kort wat had gegeten en het restaurant had verlaten, bleven er enkelen van het team achter en waren getuige van dit ongewone voorval. De serveerster die kwam om de tafel af te ruimen pakte het bord op waarvan hij had gegeten, maar ze liet het meteen vallen en begon te schudden en zich abnormaal te gedragen. Dit was een manifestatie van een boze geest. Nadat ze tot zichzelf was gekomen vroeg ze: "Wie is die man?"

Nationale genezingscampagne in Singapore

Vanwege de lokale regelgeving die Singapore's religieuze diversiteit reflecteerde, moest de titel van de crusade neutraler zijn en dus kozen de lokale organisatoren voor: Nationale Genezing Campagne. Het was een aanzienlijke campagne met niet minder dan acht publieke samenkomsten in de periode van 26 november tot en met 3 december 2006. Het waren een openingsdienst in een van de gastkerken, twee crusade avonden in het Nationale Indoor Stadion, twee pastors en leiders samenkomsten, een diner voor zakenmensen, een marktplaats lunch en een jeugdbijeenkomst. Hierop volgend

Een advertentie op de metro voor de Nationale Genezing Campagne in Singapore

was er een gedenkwaardig bezoek door T.B. Joshua aan de gevangenis waar hij, gekleed in gevangenisuniform, met de gevangenen samen was en voor hen bad.

Op de tweede avond in het indoor stadion kwam T.B. Joshua niet naar de dienst op het tijdstip dat de organiserende pastors dit hadden verwacht. Ze leken bezorgd en begonnen de tijd te vullen met verschillende lokale pastors op het podium te laten spreken over hun werk. We keken vele malen naar elkaar en naar onze horloges en vroegen ons af wat er aan de hand was. Was dit te laat komen op enige wijze gerelateerd aan de welbekende culturele tendens van Afrikaanse tijd? Maar aan de andere kant van dit drama was profeet T.B. Joshua gereed om op tijd uit zijn accommodatie te vertrekken toen, met zijn hand op de deurklink, de Heilige Geest tot zijn hart sprak om te wachten.

Een tijd van aanbidding met T.B. Joshua in Singapore

Toen hij uiteindelijk aankwam gaf hij een beknopte en krachtige evangelische boodschap die uitlegde dat de enige blijvende oplossing voor onze problemen de vergeving van zonden is door middel van geloof in Christus. Vervolgens zag hij af van het normale programma en ging meteen in een tijd van massagebed; eerst voor bevrijding van boze geesten en daarna voor genezing. We schreven over deze tijd aan het begin van dit boek toen we de Evangeliën in actie zagen. Terwijl het hele stadion de naam Jezus eenstemmig herhaalde waren de autoriteit en de kracht van God adembenemend. Het was iets wat we nog niet eerder hadden gezien, zelfs niet in de diensten van de SCOAN in Lagos. Toen we de video van dit massagebed jaren later afspeelden voor toeschouwers in Pakistan en elders, zoals eerder aan gerefereerd, zagen we de zalving van God genezing en bevrijding brengen aan velen.

Wat zou er zijn gebeurd als T.B. Joshua de aanwijzing van de Heilige Geest niet in acht had genomen en op tijd was gearriveerd? Wie zal het zeggen? Maar één ding is zeker, als hij niet de vrije geest had gehad en vrede in het hart die komt door het alleen gehoorzamen van God, dan zouden we deze dingen niet hebben zien gebeuren. Deze menigte zou dan hun bevrijding en genezing niet hebben ontvangen op Gods vastgestelde manier en op Gods vastgestelde tijd.

Dit was niet de enige beproeving van geloof die duidelijk werd tijdens de Singapore campagne. Er waren ook een aantal gevallen waar zij die naar gene-

Massagebed in Singapore

zing voor significante problemen zochten moesten wachten en hun bereidwilligheid moesten laten zien om meer dan één keer te komen. Bij een gelegenheid volgend op de Marktplaats Lunch, waar mensen niet perse hadden verwacht dat er een gebedsrij zou zijn, legde T.B. Joshua dit duidelijk uit. Hij had de boodschap *De bedoeling van de zegen* beëindigd en begon te bidden voor hen die op zoek waren naar genezing. Hier zijn de notities die we hebben gemaakt naar aanleiding van wat hij zei:

> Voor velen van ons is het niet het opleggen van handen dat we nodig hebben, maar instructie over wat te doen. Gehoorzaam het woord en je zaak zal worden geregeld.
>
> Als genezing nu niet voor jou is dan zal ik niet voor je bidden. Gebed is niet een beroep dat ik uitoefen. Jouw genezing zou

morgen kunnen zijn en het zou iemand anders kunnen zijn die voor jou bid. Ik ben niet naar iedereen hier gezonden.

Refererend aan een dame die daar aanwezig was in een rolstoel zei hij:

> Gisteren was ik enige tijd bij haar en ze kon niet lopen. De Geest van God zei: "nodig haar morgen uit."

We keken vervolgens toe hoe T.B. Joshua voor haar bad en ze stond meteen op uit haar rolstoel en liep. Hij zei verder:

> Ik had er drie uitgenodigd, maar ik zie enkel deze hier. Eén man zijn wonder is nu, maar hij is hier niet. Toen Elisa zei: "Ga zeven keer naar de Jordaan" hij zei niet ga één keer. Toen Jezus zei: "Ga en was jezelf in het badwater" dan was dat niet omdat Hij niet de kracht bezat, maar het was om het geloof van de man te beproeven. Welk probleem je ook hebt, je zou beproevingen van geloof moeten verwachten.

Dit was typerend voor de vele geïmproviseerde preken die we van hem hadden gehoord tijdens het bedienen. Weer een voorbeeld van praktisch christen zijn.

Indonesië

T.B. Joshua in Jakarta in 2007

De Indonesië crusade met profeet T.B. Joshua vond eind september 2007 plaats in Jakarta en Surabaya.

Het was duidelijk dat er veel debat en controverse was geweest over de komst van T.B. Joshua naar Indonesië. Op de eerste avond in Jakarta in het indoor stadion behandelde hij de controverse rechtstreeks en predikte over Nicodemus uit Johannes 3:1-12.

> Veel mensen ontwikkelen haat of liefde over een bepaald persoon door wat ze horen, wat ze lezen of wat ze zien. Nicodemus deed dit niet. Hij was niet het soort persoon die heen en weer zou worden geslingerd door wat mensen zeiden. Als een man van principes besloot hij om bij Jezus te komen om te bevestigen. Hij zat niet ergens van alles aan te horen om vervolgens tot een

Naar de natiën

haastige conclusie te komen.

Later tijdens de eerste samenkomst was er een indrukwekkende bevrijding toen T.B. Joshua langs de gebedsrij ging om voor honderden mensen te bidden. Een man die er aan de buitenkant vrij normaal uitzag viel meteen naar achteren en begon te schudden toen T.B. Joshua hem aanraakte. Vervolgens leek het erop alsof hij in een soort trance ging en uit zijn mond kwamen de woorden, niet in zijn eigen taal maar in het Engels: "Ik ben Beëlzebub, een dienaar van Lucifer." Op een zeker moment wees hij met zijn vinger naar de man van God en zei: "Ik ken jou, ik ben boos op jou." Volgend op een aantal hoogmoedige woorden die door de demon binnenin de man werden gesproken en gereed om met Gods dienaar te vechten, vroeg T.B. Joshua aan een jongen die in de buurt stond om voor de man te bidden. De man viel naar achteren en zo werd duidelijk dat de kracht niet van T.B. Joshua was, maar van Jezus. De man keerde terug met zijn hele familie naar het volgende evenement voor leidinggevenden en deelde publiekelijk zijn getuigenis in zijn eigen taal. Hij dankte Jezus dat Hij in Zijn liefde naar hem had omgezien en bevrijd had.

Volgend op de crusade bezocht T.B. Joshua Het Huis van Liefde, een liefdadigheidsinstelling opgericht om te zorgen voor de daklozen en verstotenen in Surabaya. Hier deelde hij de liefde van Christus en doneerde $10.000 aan de oprichters van de liefdadigheid om hun werk te ondersteunen.

Brand in de console

Na de crusade in Indonesië, terug in de SCOAN, werd op een nacht het geknetter van brand gehoord. De evangelisten die aan het slapen waren na een drukke dienst ontvingen een oproep: "Word wakker, de console met al de apparatuur die zo belangrijk is voor Emmanuel TV staat in brand! We vertrouwen erop dat het niet zal uitspreiden naar het dak van de kerk. Snel, ren, ieder moment is waardevol." De bezoekers die in de kerk verbleven werden naar een veilige plek verhuisd terwijl de spanning opliep.

Vele jaren later zou een evangelist tijdens een preek op zondag vertellen dat hij, met een bezorgd hart, begon te helpen met emmers water te halen toen hij iemand achter zich hoorde die onbewogen leek te zijn. Verontwaardigd draaide hij zich om en keek recht in de kalme ogen van T.B. Joshua die hem vroeg: "Hoe gaat het met jou?"

T.B. Joshua fluctueert niet met de wisselvalligheden van het leven. Hij geeft het voorbeeld dat de vrede Gods die alle verstand te boven gaat zoals in de Bijbel geschreven staat niet gerelateerd is aan het uitblijven van moeilijkheden, maar in plaats daarvan een zekerheid is dat God ons er doorheen zal helpen.

Inderdaad, toen de nacht vorderde ontsnapte het dak van de kerk aan schade, niemand was gewond geraakt en hoewel Emmanuel TV drie maanden uit de lucht zou gaan, werd de apparatuur uiteindelijk vervangen en werd er een nieuwe en betere console gebouwd.

Kort na het incident reflecteerde T.B. Joshua publiekelijk:

"Toen het recente brand incident in de SCOAN plaatsvond wist ik als een man van volhardend geloof dat satan me wilde uitlokken om tegen mijn Hemelse Vader te rebelleren. Maar hij wist niet dat God de verdrukking van de heiligen gebruikt om hun vruchtbaarheid te vergroten (Genesis 41:52; Jeremia 17:7-8)."

Internationale evenementen hervatten

Na een jarenlange kloof waarin de grote zondagdiensten zich verder ontwikkelden met een sterke internationale smaak en de toenemende groei van Emmanuel TV, was het tijd! Het was het jaar 2014 en T.B. Joshua hoorde het 'ja' van God om weer te reizen. Nu zouden de technische vraagstukken komen. Zou het team na al de training en ervaring met live opnames en het uitzenden van de zondagdiensten in staat zijn om, met gepaste lokale technische assistentie, internationale openlucht evenementen in stadions wereldwijd live uit te zenden?

Het was begin 2014, vanwege een aantal bestellingen van camera-apparatuur waren we laat in de avond aangekomen in de SCOAN. Er werd

Naar de natiën

op de deur van de kamer geklopt. In onze ogen wrijvend zagen we een lachende evangelist: "Baba, Mama, welkom! (ouders die op leeftijd zijn worden altijd aangesproken met Baba en Mama in de Afrikaanse cultuur) T.B. Joshua wil dat jullie enkele pastors ontmoeten die op het punt staan om te vertrekken."

We maakten ons snel klaar en begroetten de twee pastors uit Colombia. We realiseerden ons niet dat binnen enkele maanden de lange periode tussen het Indonesië evenement en de toekomst tot een einde kwam en dat het gigantische evenement in Cali, Colombia naderbij kwam.

En dan een paar dagen later was er wederom een oproep: "Mama, Baba, kom naar boven." We gingen zitten en er werd ons verteld: "Kijk er is een voorlopige datum gepland voor de man van God om naar Zuid Korea te gaan voor een pastors conferentie." De evangelist hield een kalender vast en we zagen de datum omcirkeld en hapten naar adem. Het was al over een week.

Gods wegen zijn mysterieus. Wij dachten dat we op eigen initiatief naar Lagos waren gegaan om de veilige levering van een aantal camera's te garanderen, maar God had andere ideeën. Die nacht gingen we op weg en vlogen naar Korea als leden van een voorbereidingsteam.

Na twee nachtvluchten arriveerde het team in Korea en ging gelijk aan het werk – de voorgestelde pastors conferentie zou over slechts zes dagen al plaatsvinden! Onze traditionele Koreaanse slaapmatten uitrollend in het gastgedeelte van een vriendelijke kerk, dankten we God voor de mogelijkheid om deel te zijn van deze geloofsonderneming. Terwijl de andere teamleden potentiële locaties onderzochten waar T.B. Joshua kon bidden (Gebedsbergen), waren wij bij het team dat samenwerkte met onze gastheren om een plaats te vinden waar het team kon verblijven. Ietwat onzeker over de diverse keuzes die ons werden voorgehouden en wetende dat het hele team bij elkaar moest zijn, rapporteerden we de uitdaging aan T.B. Joshua. De instructie kwam dat het team zich volledig zou moeten focussen op het werk, inclusief live uitzenden op Emmanuel TV, en dus zouden we moeten zoeken naar geschikte accommodatie in een hotel. De bediening zou betalen; het zou geen last zijn voor de gastheren.

Die snelle uitwisseling zette de toon voor het financieren van de crusades in de volgende 5 jaar waarin de bediening de meeste kosten die gemoeid gingen met een stadion evenement zou betalen, inclusief reis-en hotelkosten van het team. En nog belangrijker, de bediening zou geen enkel geldoffer inzamelen. De organisatoren zouden een geldoffer inzamelen voor hun deel van de kosten (voordat het SCOAN team op het podium kwam), maar T.B. Joshua zou geen enkele betrokkenheid hebben in het geld van de mensen wanneer ze voor genezing kwamen.

En ook werden er vanaf die tijd geen boeken of dvd's meer verkocht bij de stadion evenementen; ze werden gratis uitgedeeld. De productie en het printen in verschillende talen van T.B. Joshua's studieboek over geloofshelden in de Bijbel *De spiegel* werd een regulier onderdeel in de voorbereiding op crusades. Dit gold ook voor het boekje over het ontvangen en vasthouden van genezing door God *De stap tussen jou en de genezing*.

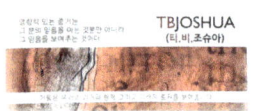

"De Spiegel" vertaald in het Koreaans

T.B. Joshua schrijft bijna nooit een boek. Hij is zelf een levende brief zoals 2 Korinthe 3:2 zegt:

"U bent onze brief, geschreven in onze harten, gekend en gelezen door alle mensen."

De enige andere boeken die werden gepubliceerd door de SCOAN zijn *Dagelijks tijd met God* waarin een collectie citaten staan en *Wat de toekomst zal brengen (I en II)*, deze bevatten verslagen van internationale profetieën die door de jaren heen door T.B. Joshua zijn gegeven.

Live uitzending op Emmanuel TV

De 2014 pastors conferentie in Korea werd gehouden in een goed uitgerust kerkgebouw waarin veel van de technische infrastructuur al op zijn plek stond. De kerk had bijvoorbeeld al ervaring met live internet streaming en dus was de infrastructuur hiervoor al opgezet. Dit was een van de praktische redenen dat het mogelijk was om de voorbereiding op zo'n korte termijn gereed te hebben.

Naar de natiën

Gary pakt het verhaal verder op.

Kort voor het evenement kwam het bericht van T.B. Joshua dat de conferentie live zou moeten worden uitgezonden op Emmanuel TV. In een test voordat de dienst begon logde het Emmanuel TV uitzend center (toendertijd gestationeerd in Zuid Afrika) simpelweg in op de internet stream van de kerk en alles werkte prima. Echter kort nadat de conferentie begon crashte het netwerk. We ontdekten dat de bestaande regelingen een ietwat gelimiteerde capaciteit hadden, die de extra aanmeldingen niet aankon van hen die probeerden om via de lokale internetstream naar de conferentie te kijken.

We hadden onmiddellijk een oplossing nodig. Het streamen werd voorzien door het bedrijf van een derde partij die niet reageerde. Ik kreeg het voor elkaar om mijn laptop te verbinden met het publieke internet en begon een nieuwe stream om direct verbinding te maken met het Emmanuel TV uitzend

Een succesvol 'Heath Robinson' oplossing voor een live-uitzending probleem

center, maar de kabels en omvormers benodigd om de live video in de laptop te krijgen waren niet beschikbaar. Toen herinnerde ik me dat ik mijn videocamera voor huiselijk gebruik kon aansluiten op mijn laptop en zo maakten we deze vast op een driepoot met plakband en richtte deze op de programma monitor in de controlekamer.

In Zuid Afrika wachtte het technische team van Emmanuel TV met ingehouden adem! Zou de zelfgemaakte oplossing werken? Ja dat deed het. Eindelijk kon het team melden dat, sinds 7 jaar, het eerste internationale evenement buiten Nigeria met T.B. Joshua nu live aan het uitzenden was, zowel op Afrikaanse satellietzenders als op het internet. Ook al liet de videokwaliteit wat te wensen over, de echte zaak van het evenement – het gezalfde gebed en onderwijs – bereikte het internationale publiek.

Voor toekomstige evenementen werd het een essentieel onderdeel van de technische planning en live uitzenden met volledige high definition kwaliteit werd de norm.

De gevaren van geld

De 2014 Pastors Conferentie met T.B. Joshua in Zuid-Korea

Hoewel toegang tot al de internationale evenementen kosteloos was, bij de pastor conferentie in Zuid Korea was de inkom gratis, ontdekte het team dat partner donoren die tot een zeker niveau de organisatoren steunden, een zitplaats werd aangeboden in een sectie die dichter bij het podium stond. Er werd verwacht dat T.B. Joshua daar zou beginnen met het bidden voor de mensen. Maar de Heilige Geest doet zoals Hij wil en toen de tijd kwam voor individueel gebed, begon de bediening bij de mensen die op het balkon zaten!

Op de pastors conferentie sprak T.B. Joshua open en eerlijk over het onderwerp geld en hij legde uit waarom hij voor een periode gestopt was met internationaal te reizen (het was zeker niet vanwege een gebrek aan uitnodigingen).

> Genezing, bevrijding, profetie en alle zegeningen van God worden gehinderd door geld. Het is niet mogelijk om mensen te genezen en geld in te zamelen. Wanneer het tijd is om te genezen dan is het tijd om te geven wat God ons heeft gegeven.
>
> Wanneer het tijd is voor opwekking of crusade dan is het tijd om de wil van God te horen. Als het de wil van God is voor opwekking, wat te gebruiken, geld om uit te geven, de Heere zal erin voorzien op grootse wijze – niet van de zieken of van mensen die komen, maar God zal erin voorzien op een geweldige manier. Ik vroeg God om mijn standaard financieel te verhogen voordat ik zou beginnen met opwekking.[15]

Daarna weidde hij in 2017 hier verder over uit tijdens een preek in de kerk in Lagos:

> Al de crusades die je mij over de hele wereld ziet doen zoals in Singapore, Indonesië, Mexico, Peru enz. – ik betaal het grootste

---
15 Pastors conferentie met T.B. Joshua, Shingil Church, Seoul, 2–3 april 2014

Naar de natiën

deel. Wij hebben geen controle over de Heilige Geest! Als ik daar ben dan wil ik vrij zijn. Ik wil slapen op de tijd dat de Geest wil dat ik slaap. Ik wil bidden voor wie de Heilige Geest wil dat ik bid.

Als jij voor mij het stadion betaalt dan zal je geld inzamelen bij rijke zakenlui die ziek zijn en zij zullen degenen zijn die je op de voorste rij laat zitten om mij te vertellen: "Bid voor deze persoon man van God. Hij is degene die 70 procent van het geld heeft betaald." God kan zo'n regeling niet ondersteunen. Jij vertelt me dat ik om 8 a.m. naar buiten moet komen terwijl de Geest van God zei dat ik om 10 a.m. naar buiten mag komen. En dus betaal ik voor het stadion.

Mijn blijdschap is om mensen genezen te zien, mijn blijdschap is om mensen bevrijd te zien, mijn blijdschap is om mensen gezegend te zien. Dat is mijn geld. Iedere persoon die bevrijd is betekent meer dan $20.000 voor mij! Dat is het geld dat God mij geeft, de blijdschap om in vrede te slapen.[16]

Door de jaren heen hebben we dit principe duidelijk in werking gezien en de zegeningen ervan ervaren, die ver boven alle uitdagingen uitstijgen.

Cali Colombia

We komen nu aan bij juli 2014 en de Wonderen Crusade met T.B. Joshua in Cali, Colombia. We brachten twee maanden in Colombia door in de aanloop van dit evenement, die een omvang had dat nieuw zou zijn voor ons allemaal. Het olympisch voetbalstadion in de stad met een 40.000-plus capaciteit zou beide avonden gevuld zijn. Bijna 20 jaar hiervoor

De Wonderen Crusade met T.B. Joshua in het Olympisch Stadion in Cali, Colombia

hadden biddende christenen hetzelfde stadion gevuld volgend op het martelaarschap van een prominente pastor in de stad, hetgeen geleid

---
16   *The Secret Of My 'Money'!* TB Joshua Ministries Facebook Post, 3 mei 2017

had tot een opwekking van geloof. Maar zoals de lokale pastors uitlegden hadden de opwekkingsvlammen zich in de loop der tijd teruggetrokken en naar het evenement werd dan ook met warmte uitgezien. De gelovigen waren van plan om hen die buiten de kerk waren mee te brengen om de prediking van het Evangelie met kracht te horen.

Tijdens de preek op de tweede avond van de crusade behandelde profeet T.B. Joshua specifiek de toestand van de kerk:

> Als iemand spreekt, preekt of onderwijst over een scheiding tussen het Woord en de Geest dan is dat Bijbels gezien onjuist. We kunnen zo niet doorgaan, want zo maken we Jezus Christus onpopulair.
>
> De toekomst van de kerk is afhankelijk van ons leren van elkaar. Ik heb jou nodig, jij hebt mij nodig. Ik heb jouw theologie nodig, jij hebt mijn kracht nodig. Ik heb jouw kracht nodig, jij hebt mijn theologie nodig.
>
> Omdat er geen verbintenis is tussen het Woord en de Geest, staat deze kerk bekend om prediking en onderwijzing van het Woord van God, terwijl de andere kerk bekend is om krachten, tekenen en wonderen. Dit is niet hoe het zou moeten zijn.
>
> Ik bid iedere dag om te mogen zien dat we niet langer met elkaar vechten, elkaar benijden en jaloers zijn op elkaar.[17]

We zagen dat vele kerken de handen ineen sloegen in het steunen van de crusade. De president van de Evangelische Confederatie van Colombia (cedecol), die de meeste van de evangelische kerken in Colombia vertegenwoordigde, nam deel en sprak zeer positief over het Woord van God en de wonderen die samenkomen in de bediening van profeet T.B. Joshua.

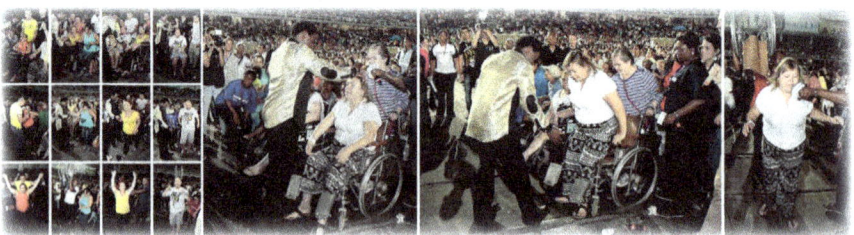

Genezing in de gebedsrij in Cali, Colombia

---

17 *The Price of Faith Part 2*, Wonderen Crusade met TB Joshua, Cali, Colombia, 12 jul 2014

Naar de natiën

Er waren tientallen genezingen en honderden bevrijdingen en de Naam van Jezus werd hoog verheven. De wijlen evangelist C.S. Upthegrove, die met veel van de prominente Amerikaanse genezingsevangelisten in de jaren 50 had gewerkt en nu zelf halverwege de 80 was, nam deel aan de crusade. Hij gaf aan enthousiast te zijn vanwege het feit dat God wederom zo krachtig aan het werk te zien was in genezingen en wonderen.

Het massagebed in Cali, Colombia

Eén van de meest opmerkelijke genezingen van de crusade vond plaats na het massagebed, toen de menigte zong *Er is kracht in de Naam van Jezus*. Terwijl de kracht van God door het stadion zwiepte, werden de voeten van een jong meisje, verbogen sinds haar geboorte, op wonderlijke wijze recht gemaakt. Haar steunen werden verwijderd en ze begon te springen en te rennen. De aanstekelijke blijdschap die haar gezicht verlichtte bracht een boodschap over waar geen woorden voor zijn.

Onder de additionele evenementen in Cali, een stad die wist wat het was om geweld te ervaren, was een substantiële liefdadigheidsbijeenkomst. Een paar honderd families werden uitgenodigd. Er werd voorzien in transport, een warme maaltijd en amusement. Verder was er een professionele medische controle voor de kinderen en men ontving een grote zak met levensmiddelen.

T.B. Joshua op het liefdadigheidsevenement in Cali, Colombia

De politie van Cali organiseerde ook een evenement waarin ze aan T.B. Joshua een ere onderscheiding presenteerden en zijn eigen politiepet. Hij gaf een gulle gift van $100.000 aan het sociale fonds voor weduwen en wezen en voor hen die tijdens hun werk gewond waren geraakt. En

De politiebijeenkomst met T.B. Joshua in Cali, Colombia

hij deelde een boodschap van zijn waardering over het werk van de politie: "Jullie voorkomen misdaad in de gemeenschap in het natuurlijke. Wij voorkomen misdaad in de geest. We doen hetzelfde werk. Ik groet jullie."

De Mexico crusade

De Wonder Crusade met profeet T.B. Joshua in Mexico City in juli 2015 was op zichzelf al een fenomeen. Hoe kwam het dat het grootste voetbalstadion in Latijns Amerika voor de eerste keer in de geschiedenis gevuld was vanwege een gratis christelijk evenement? Het harde werk van de lokale organisatoren, die de lengte en breedte van Mexico hadden afgereisd, om verschillende kerken een beeld te geven en aan te moedigen speelde een belangrijke rol. Zo ook de productie en distributie van duizenden gratis dvd's. Echter uiteindelijk was het Gods soevereine werk.

De Wonderen Crusade met profeet T.B. Joshua in Mexico in 2015

Voorafgaand aan het evenement zat het team, inclusief de cameraploeg, hoog op de bovenste zitplaatsen voor een planningsbijeenkomst. We konden niet voorkomen dat we enkele prikkels van ongerustheid voelden. Het was zo hoog, wat zou er gebeuren tijdens het massagebed als mensen zouden reageren? God is met ons, bemoedigden we onszelf. Hij zal ons beschermen. En zo zou het ook zijn.

Het iconische wereldberoemde Aztec Stadion met 100.000 zitplaatsen was zo goed als vol op de tweede avond van de crusade. Op de eerste avond viel er zware regen, maar compleet onaangedaan ging T.B. Joshua

Naar de natiën

urenlang door met bidden en de wonderen vonden plaats. Fiona en andere Emmanuel TV partners stonden buiten bij de ingangen om gratis dvd's uit te delen van de Colombia crusade en uiteindelijk werd de regen minder en begonnen de menigten weg te gaan. De tweede avond werd gespaard voor de neerslag en was onvergetelijk. Het werk van God nam toe en de getuigenissen waren bijna niet te tellen.

Gebed in de regen op de eerste avond

De menigte werd ook getrakteerd op een verrassing, met geloofsopbouwende muzikale bijdragen van bekende gospel artiesten uit de VS – CeCe Winans, Alvin Slaughter en Vashawn Mitchell.

Geschiktheid om fysiek werk te doen was een vereiste. De evangelisten en het team van helpers moesten aan het einde van de crusade alles uit het stadion verhuizen en de overgebleven spullen opslaan in het hotel. We herinneren ons allemaal dat we rondrenden om de trucks op de juiste plaats te krijgen om de spullen op te halen. Uiteindelijk zou het team pas na 4 a.m. hun kamers binnengaan, wetende dat: *"de vreugde van de HEERE, dat is uw kracht"* (Nehemia 8:11).

Massagebed in Mexico

De crusade en de grote pastors conferentie die hierop volgde hadden een enorme impact. Een team van de SCOAN bleef nog enkele weken om getuigenissen op te nemen en om de grote hoeveelheid aan video-opnamen te bewerken. Wij verhuisden zelf voor meer dan een jaar naar Mexico om te helpen met de opvolging, voornamelijk liefdadigheidswerk. T.B. Joshua hielp met het opzetten van een lokale burgervereniging om dit te ondersteunen.

T.B. Joshua had zelf meer tijd kunnen doorbrengen in Mexico, maar zoals hij uitlegde in een boodschap die hij in de kerk in Lagos gaf in 2017, was de oproep van God geweest om terug te keren naar Afrika:

Ik ga naar opwekkingen en bij die opwekkingen zie je altijd volle stadions. Het land, ministers – ze komen allemaal bijeen. Maar ik laat me daar niet door meeslepen; na de crusade – terug naar huis. Terug naar Afrika waar ik word vervolgd, waar ze me dood willen hebben, vernietigd. Ik leef waar ik niet word gevierd. Ik ben weggegaan van de plaats waar ik word gevierd.

Wanneer je in het midden van een strijd bent, dan bouw je jezelf op; het is goed. Waar je niet word gevierd, waar je wordt vervolgd, is de beste plaats voor jou om te leven. Het zal je opbouwen. Goud kan geen goud zijn zonder door het fornuis te gaan. Ook het menselijk karakter heeft het nodig om door het fornuis te gaan.[18]

CRUSADE MET T.B. JOSHUA IN PERU

Volgend op een dynamische tweede crusade in Zuid Korea, gehouden in de Gocheok Sky Dome in Seoul op 22 en 23 juli 2016, keerde T.B. Joshua terug naar Latijns Amerika voor nog een Wonder Crusade. Deze vond plaats in september 2016 in het grootste voetbalstadion van Zuid Amerika, het Monumental stadion in Lima, Peru.

Crusade in het Monumental Stadion in Lima, Peru

Het meest memorabele kenmerk voor ons was de messcherpe timing. Er was een administratieve opstopping met de visa van het Emmanuel TV team dat van Lagos kwam. Vanuit een logistiek planningsoogpunt werden beslissingen om de crusade te bevestigen tot het laatst mogelijke tijdstip uitgesteld. Maar toen deze finale deadlines voorbij waren zonder een oplossing van de visa vertragingen, was het alleen God die ervoor kon zorgen dat de crusade door zou gaan. Het evenement werd slechts twee weken voor de geplande datum bevestigd en het volledige

---
18 *Don't Destroy Your Relationships Beyond Repair*, de SCOAN zondagdienst, 30 apr 2017

Naar de natiën

plannings- en organisatieteam van de SCOAN arriveerde pas elf dagen voor de eerste avond. Vanuit een natuurlijk oogpunt was er simpelweg niet genoeg tijd om de noodzakelijk stukjes van de puzzel samen te krijgen en om het door te laten gaan, maar God had: "Ga" tegen Zijn dienaar gezegd en dat was al wat van belang was.

Dit herinnerde ons er krachtig aan dat er werkelijk voordelen zijn in werken die onmogelijk lijken. Wij moeten ons uiterste best doen, maar uiteindelijk moet het God zijn en alleen Hij kan de heerlijkheid opeisen.

De crusade zelf toonde geen tekenen van deze spanningen; God had de controle. Van de wettelijk verkregen toestemmingen in recordtijd tot de 300 ham en kaas broodjes dat ons team van Emmanuel TV partners moest regelen met zo goed als geen kennisgeving vooraf (voor de politie patrouilles die met de menigten werkten) en de wonderen van genezing en bevrijding – we hadden God overal voor nodig.

Een gedenkwaardig moment was toen profeet T.B. Joshua stopte met het bidden voor mensen en ging zitten vanwege het risico dat de menigte naar voren zou schuiven. Hij zei dat hij niet verder zou gaan totdat de mensen terug naar hun zitplaatsen zouden gaan, hetgeen ze naar behoren deden.

T.B. Joshua wacht totdat de menigten gaan zitten

Crusades in Paraguay en de Dominicaanse Republiek

Paraguay is een kleiner Zuid-Amerikaans land en het Nationale Stadion herbergde de crusade met T.B. Joshua in augustus 2017. Het nationale parlement van Paraguay bedauwde hem met de hoogste eer van de natie om zijn evangelisatie en humanitaire werk te erkennen. Er waren ook opmerkelijke getuigenissen van de crusade, waaronder een significante bevrijding van iemand die niet aanwezig was maar wiens zus een foto van hem had meegenomen voor gebed.

Eén van de uitdagingen voor het achtergrondteam was dat er in heel Paraguay geen geschikte leverancier was voor de tijdelijke beschermende vloerbedekking die nodig was om het voetbalveld mee af te dekken voor zulke evenementen. De vloerbedekking werd uiteindelijk ingekocht van een buurland, maar arriveerde pas laat vanwege douane en logistieke kwesties.

De tijdelijke vloerbedekking leggen voor de crusade in Paraguay

Het gehele SCOAN team – evangelisten, cameraploeg, verslaggevers, enz. en Emmanuel TV partners die hadden aangeboden om te helpen – legde en verwijderde persoonlijk de duizenden stukken vloerbedekking op het veld. Mensen waren kruipend op hun knieën op het veld van het stadion de vloerbedekking aan elkaar aan het plakken met plakband voor huishoudelijk gebruik. Een surrealistisch ervaring.

Tussen de eerste en tweede dag van de crusade bedreigden ernstige stormen de hele technische installatie en de banier van het podium scheurde onder de harde wind. T.B. Joshua verklaarde aan het hele stadion dat: "Regen is een dienaar van God en wij zijn ook dienaren van God; regen kan ons niet hinderen." Hij legde uit dat hij in gebed had onderhandeld met de regen, met het verzoek om te verminderen gedurende de uren van het evenement zodat de technische apparatuur veilig zou zijn en dat de tweede dag kon doorgaan.

De regen pauzeerde tot na het massagebed, maar daarna kwam het in stortbuien en het was koud. We zorgden voor de mensen met getuigenissen die in de interviewkamers arriveerden, rillend met dunne katoenen T-shirts, en we gaven hen warme knuffels en een schuilplaats met eten.

Slechts drie maanden daarna, in november 2017, werd de Dominicaanse

Naar de natiën

De Dominicaanse Republiek Crusade met T.B. Joshua in 2017

Republiek Crusade gehouden in het Olympisch Stadion van de hoofdstad Santo Domingo.

Wat een prachtig evenement! Zoveel eenheid onder de kerken. Als deel van het technische team arriveerden we vroeg en konden dit in actie zien. De zangkoren die aan het oefenen waren klonken hemels en de bereidwilligheid drong overal door. Een warme teamgeest tussen culturen, kleuren en achtergronden was duidelijk zichtbaar in de lokale gelovigen. Als er al een zorg was, dan was het of al de mensen die wilden komen zouden passen in het stadion met een capaciteit van 40.000 plaatsen. Velen moesten inderdaad vanaf het park buiten luisteren.

Aan T.B. Joshua werd wederom een hoge nationale onderscheiding gepresenteerd en de president van het land ontving hem persoonlijk.

Het was een kleurrijk evenement waarin de dansers Jezus verheerlijkten, de warme Caribische wind streelde onze wangen en met de zon die onderging en de hitte van de dag verdampend, begon het echte werk.

T.B. Joshua met president Medina van de Dominicaanse Republiek

In de boodschap van de eerste avond gaf T.B. Joshua een fundamentele maar onomwonden preek over de essentie van het christen zijn *Zoek eerst het Koninkrijk*. De bewijstekst uit Romeinen 5:1-8 herinnerde christenen aan rechtvaardiging door geloof gebaseerd op Jezus Zijn offerdood aan het kruis. De man van God drong er bij het publiek ook op aan om alleen geestelijke schatten te verzamelen en om zich in te zetten voor de welvaart en het welzijn van anderen.

Er waren publieke getuigenissen van voorgaande crusades, gebed en bevrijding en de zegen aan het eind door het massagebed. Het massagebed in een stadion is een krachtige ervaring getemperd met de vreze Gods. Het is geen emotionele tijd. Het is een tijd waarin je, als een helper, werkelijk niet weet wat er zal gebeuren. Wie zal manifesteren? Wie zal braken, wie zal zijn krukken of looprek laten vallen en opstaan uit hun rolstoelen? Zoals in elk evenement zijn de helpers en het team klaar voor actie, met praktisch schoeisel en herkenbare T-shirts.

"Camera kom snel!" Wat gebeurt er? Bloed vloeit uit het hoofd van een jonge vrouw. Ze was niet gevallen, het is een bovennatuurlijke gebeurtenis. Ze leed aan een vreemde schimmelinfectie op haar hoofdhuid, die zowel pijnlijk als beschamend was. Ze had niet eens een fysieke aanraking gehad tijdens het gebed in de Dominicaanse Republiek Crusade met profeet T.B. Joshua, maar de Heilige Geest Zelf raakte haar aan tijdens het massagebed op een gedenkwaardige manier. Later getuigde ze aan de zijde van haar tante dat de infectie verdwenen was nadat haar hoofd begon te bloeden tijdens het gebed.

Het Verenigd Koninkrijk en Israël

De Emmanuel TV opwekking in 2019 Sheffield, VK

Er waren in 2018 evenementen, allemaal live uitgezonden, voor duizenden mensen in het Verenigd Koninkrijk, Frankrijk en Argentinië. Evangelisten gestuurd door T.B. Joshua dienden gebed toe met het Zalvingswater in de machtige Naam van Jezus Christus. Er volgden talloze genezingen en bevrijdingen.

Vervolgens dirigeerde de Heilige Geest in 2019 richting twee internationale evenementen in juni. De Emmanuel TV opwekking in het VK werd gehouden in de Sheffield Arena, een groot overdekt stadion. De bediening vond

Naar de natiën

plaats door drie van de toenmalige profeten in opleiding.

Mensen kwamen van heinde en ver om de zalving te ervaren en velen moesten worden geweigerd omdat het stadion met meer dan 10.000 zitplaatsen vol was.

T.B. Joshua bleef in Lagos op de Gebedsberg tijdens dit evenement. De eerste persoon waarvoor werd gebeden was een dame met een gebroken been. Zonder enige fysieke aanraking begon haar been oncontroleerbaar te schudden terwijl de Heilige Geest een geestelijke operatie uitvoerde. Toen ze haar krukken en ondersteunende laars aan de kant schoof, was het wonder duidelijk zichtbaar voor iedereen. De scène was kort daarvoor opgezet toen een uitgenodigd gospelkoor het krachtige lied *De zondemacht over mij is gebroken* zong (geschreven door T.B. Joshua). Terwijl ze zongen was er bevrijding, genezing en de manifestatie van Gods kracht.

Snel volgend op de Emmanuel TV opwekking in het VK was er het gedenkwaardige openlucht evenement in Nazareth, Israël – het land waar Jezus Christus onder de mensen wandelde, het historische thuisland van de aartsvaders van het Oude Testament. Dit was het land van de Bijbel, waar religieuze pelgrims van over de hele wereld zouden komen voor speciale tochten, maar grote openlucht evenementen waarin de machtige Naam van Jezus Christus werd gebruikt vonden hier meestal niet plaats.

"Laat de Naam van Jezus verheerlijkt worden in Zijn historische thuisstad Nazareth in Israël – een publiek openlucht evenement op Mount Precipice zodat de hele stad zich ervan bewust is."

Dit was een instructie van God voor T.B. Joshua. Mount Precipice is opgetekend in de Bijbel met een bepaalde reden. Het was de plaats (zoals verteld in Lukas 4) waar een menigte, woedend vanwege de woorden van Jezus, hem van de top van de berg probeerde te gooien, maar hij ging ongedeerd midden tussen hen door.

Hoewel veel mensen Mount Precipice bezoeken was het amfitheater daar in verval geraakt en waren er reparaties nodig. Toen T.B. Joshua in een eerder bezoek rondliep over de in onbruik geraakte faciliteit, dirigeerde de Heilige Geest hem om financieel te helpen met een significante renovatie van deze heilige locatie, zodat ook na het evenement de stad Nazareth werd achtergelaten met een waardevolle gerenoveerde plek.

Vóór juni 2019 werden er uitgebreide renovatiewerken uitgevoerd en werden er goede relaties gebouwd met de lokale regeringsfunctionarissen. Echter alles dat dichtbij Jezus is wordt aangevallen en in het thuisland van Jezus was dit geen uitzondering. Het verhaal van een aantal van de uitdagingen voorafgaand aan de succesvolle vervulling van het Nazareth evenement zal besproken worden in het volgende hoofdstuk.

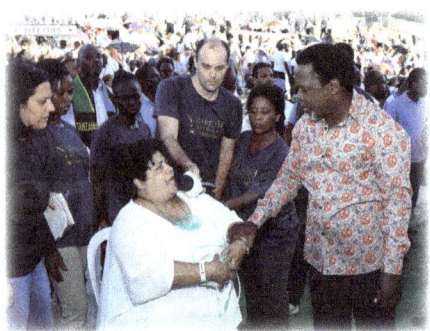

De Nazareth Samenkomst met T.B. Joshua in 2019

Het tijdperk van wonderen is niet voorbij gegaan; de wonderwerker Jezus leeft nog steeds! Voor hen wiens leven gecentreerd is in Jezus Christus gaat het beste altijd nog komen!

Het leven is een slagveld

Zittend in het vliegtuig voor mijn eerste bezoek aan Nigeria in 2001, zou ik (Gary) op het punt staan om de wereld van roddel, insinuatie en valse getuigenissen te ervaren. Een goed geklede dame leunde naar voren:

"Excuseer mij, maar ik hoorde u praten; u bedoelt toch niet dat u van plan bent om naar...die plaats te gaan?"

"Sorry mevrouw, ik begrijp het niet."

"Als we niet in de lucht waren, dan zou ik u geadviseerd hebben om uit dit vliegtuig te stappen!"

Haar stem trilde met emotie en daalde naar een significant gefluister:

"Die plaats, de SCOAN! U weet toch wel dat zijn kracht afkomstig is van toverij? Ik adviseer u om uw plannen te wijzigen. Zijn kracht komt van de andere zijde."

Onmiddellijk, als een helder klaroengeschal, kwam er een vers naar boven in mijn gedachten; was dit niet wat de Farizeeën zeiden over Jezus? Ik haalde mijn Bijbel tevoorschijn en begon te lezen.

"Maar de Farizeeën hoorden dit en zeiden: Deze drijft de demonen alleen maar uit door Beëlzebub, de aanvoerder van de demonen." (Mattheüs 12:24)

Alles wat dicht bij Jezus is wordt aangevallen

Vanaf de begindagen hoorden we zowel negatieve als positieve berichten over T.B. Joshua en de SCOAN, maar wij besloten om de waarheid bij God te zoeken.

"Wee u wanneer alle mensen goed van u spreken, want hun vaderen deden evenzo met de valse profeten." (Lukas 6:26)

Alle effectieve bedieningen die ernaar streven om Jezus Christus bekend te maken, het Evangelie te prediken en om het Koninkrijk van God te zien toenemen hebben te maken met onbegrip, aanvallen en haat. Het soort aanval zal variëren volgens de gewoonten van de tijd en de normen en percepties van de aanklager. Deze veranderen door de eeuwen heen en verschillen van de ene cultuur tot de andere.

Echter Jezus herinnert ons eraan dat oppositie normaal is.

"Als u van de wereld zou zijn, zou de wereld het hare liefhebben, maar omdat u niet van de wereld bent, maar Ik u uit de wereld heb uitverkoren, daarom haat de wereld u. Herinner u het woord dat Ik u gezegd heb: Een slaaf is niet meer dan zijn heer. Als ze Mij vervolgd hebben, zullen zij ook u vervolgen, als zij Mijn woord in acht genomen hebben, zullen zij ook het uwe in acht nemen." (Johannes 15:19-20)

Het Evangelie van Johannes hoofdstuk 7 vers 12 biedt ons een blik op de controverse rondom Jezus Christus en dit continueert zich tot op deze dag.

"En er was veel gemompel over Hem onder de menigten. Sommigen zeiden: Hij is goed; en anderen zeiden: Nee, maar Hij misleidt de menigte."

Laat ons terugreizen naar toen Jezus, als mens, op deze aarde wandelde onder mensen zoals jij en ik, de opgeleide en niet opgeleide, zij van andere religies en zonder religie.

"Heb je deze man Jezus gehoord?" vroeg één van de Farizeeën. Zijn buurman antwoordde haastig: "Ja, maar het is hetzelfde als altijd, het is slechts een emotioneel opzwepen van de menigte. Ik geloof niet dat er ook maar iets van waar is. Wat voor wonder? Men kan altijd één of andere arme

Het leven is een slagveld

ziel omkopen om te zeggen dat hij een wonder heeft ontvangen. We weten wat de Schriften zeggen, dat onze geliefde Messias, wanneer hij komt..." zijn toon eerbiedig verlagend "...hij zal komen uit Bethlehem zoals onze nobele Profeet Micha ons heeft geïnstrueerd. Ik heb gehoord dat deze kerel afkomstig is uit Galilea, uit Nazareth, en sinds wanneer is er ooit iets goeds voortgekomen uit Nazareth?"

"Je hebt gelijk mijn vriend, maar het volk is echt ingenomen met hem." Was het bezorgde antwoord.

"Maak je geen zorgen mijn broeder, het Sanhedrin (Joodse rechtbank) zal met hem afrekenen!"

En zo zou het zijn. Het Sanhedrin rekende inderdaad af met Jezus, de Christus genoemd, en het christendom begon met het nagelen van een man aan het kruis, wachtend totdat zijn lichaam het opgaf.

Maar er was een grote betekenis in het vergieten van het bloed van Jezus Christus. Zoals de Bijbel uitlegt:

"Zonder het vergieten van bloed vindt er geen vergeving plaats." (Hebreeën 9:22)

En zoals T.B. Joshua heeft gezegd:

> "Het bloed dat Jezus Christus heeft vergoten aan het kruis van Golgotha is het meest kostbare goed in de geschiedenis van de mensheid."

Natuurlijk waren velen van hen die Hem in het vlees zagen sterven aan het kruis ook getuige van Zijn opstanding!

Beschuldigingen werden geslingerd naar onze Redder Jezus Christus, en dat is doorgegaan gedurende de geschiedenis van het christendom. T.B. Joshua is één van de velen in een lange lijn van trouwe gelovigen waarvan het karakter werd verguisd en die fysieke gevangenschap, lastercampagnes en valse beschuldigingen heeft verdragen.

Door het bestuderen van de Bijbel en de christelijke geschiedenis is het duidelijk te zien dat men moeite kan hebben om de wijze en de manier waarop God Almachtig werkt in de levens van verschillende christelijke gelovigen te begrijpen en te waarderen. Dit is waar ongeacht of het nu bisschoppen, pastors, priesters, dienaren, profeten, mystici, monniken, nonnen of opmerkelijke humanisten betreft en is van toepassing over kerkelijke scheidslijnen heen.

Christelijke gelovigen van wie het godsvruchtige leven en invloed de test der tijd heeft doorstaan en hun fysieke levens hebben overschreden, blijken een aantal gemeenschappelijke karakteristieken te hebben, hetzij protestant, katholiek, orthodox, charismatisch, methodist, baptist, gereformeerd, pinkster, adventist, of anderen.

Wat zijn deze karakteristieken?

- De Bijbel was hun boek der boeken. Ze leefden in het Woord.
- Ze leidden een toegewijd (apart gezet) leven.
- Hun levens laten bewijs zien van het hebben van een onafhankelijke geest, een geest die alleen bij God de waarheid zoekt.
- Nederigheid is duidelijk zichtbaar in hen.

Laat het aan God over

T.B. Joshua heeft op vele gelegenheden gezegd dat de wijze en de manier waarop God in mensenlevens werkt verschillend is. God kan pastor a zo instrueren en pastor b op een andere manier. De ene dienaar kan een diepe relatie met God hebben en een andere een diepere. Vleselijke vergelijkingen maken tussen dienaren van God is gevaarlijk en neigt grotendeels afhankelijk te zijn van onze cultuur en ons wereldbeeld. Dat is de lens waardoor we de dingen doorzien en vandaaruit een onmiddellijk waarde oordeel uitspreken.

De Bijbel is duidelijk dat het God is die zal oordelen over hen die claimen Zijn dienaren te zijn. Zoals de Apostel Paulus het uitdrukte:

"Wie bent u dat u de huisslaaf van een ander oordeelt? Of hij staat of valt, gaat alleen zijn eigen heer aan." (Romeinen 14:4)

Hij paste dit principe toe op zowel zijn eigen leven als dat van anderen:

"Laat ieder mens ons zó beschouwen, namelijk als dienaren van Christus en beheerders van de geheimenissen van God. En verder wordt van de beheerders

Het leven is een slagveld

verlangd dat zij betrouwbaar blijken te zijn. Maar het betekent zeer weinig voor mij dat ik door u beoordeeld word of door enig menselijk oordeel. Ja ik beoordeel ook mijzelf niet. Want ik ben mij van niets bewust, maar daardoor ben ik nog niet gerechtvaardigd. Wie mij echter beoordeelt is de Heere. Oordeel daarom niet vóór de tijd, totdat de Heere komt. Hij zal ook wat in de duisternis verborgen is aan het licht brengen, en de voornemens van het hart openbaar maken. En dan zal ieder van God lof ontvangen." (1 Korinthe 4:1-5)

Zoals T.B. Joshua heeft gezegd: "De dienaren van God, groot en klein – God zal oordelen."

Gamaliel sprak in het boek Handelingen 5:38-39 tijdens een tijd van controverse over de bediening van Petrus en de andere apostelen in Jeruzalem, en zijn advies is nu net zo relevant als dat het 2000 jaar geleden was.

"En nu zeg ik u: Houd u ver van deze mensen en laat hen gaan, want als dit voornemen of dit werk van mensen afkomstig is, dan zal het afgebroken worden, maar als het van God afkomstig is, kunt u dat niet afbreken, opdat u niet misschien ook tegen God blijkt te strijden."

Demos Shakarian was een boer en oprichter van het Volle Evangelie Zakenlieden Genootschap. Zijn verhaal wordt verteld in het boek *De gelukkigste mensen op aarde,* dat vertelt hoe in de dagen van grote tent opwekkingen in de VS laat in de jaren 40, hij een ontmoeting had met een evangelist die een probleem met hebzucht bleek te hebben. Op de laatste avond van de campagne vroeg de evangelist de mensen om vooral gul te geven in de afsluitende samenkomst. Vervolgens werd hij ontdekt in zijn voorbereiding om met al de giften te verdwijnen.[19]

Demos wil hem tegenhouden, pauzeert, en als een flits van inspiratie in zijn geest, herinnert hij zich het voorval toen David richting Saul sloop in de grot, maar uit respect voor God besloot om Gods gezalfde geen kwaad te doen en hem aan God over te laten (1 Samuel 24:10).

Hij hoort een stem die hij nauwelijks herkent als zijn eigen, die zegt tegen de dienders die de evangelist wilden tegenhouden: "Raak hem niet aan", terwijl hij bezig was met het proppen van dollar biljetten in een grote

---

19 Shakarian, D., Sherrill, J.L. and Sherrill, E. (1975). *The Happiest People on Earth*. Chosen Books. pp. 103–105

bruine zak. Demos richtte zich tot hem en zei: "God voorziet niet in Zijn geld door deze methodes; ik geloof niet dat God het zal zegenen." Na zes jaar verscheen de dwalende evangelist zoals hij beschrijft "uitgemergeld, ongeschoren en sjofel gekleed" op zijn boerderij. Hij vroeg om geld. Zo'n drie jaar later hoorde Demos dat hij was overleden.

Waarom is dit verhaal van belang? Het gaat over de positie van God in onze levens. De Bijbel toont ons dat God bewust is van wat we in het openbaar doen en in het verborgene.

"Let op, onverstandigen onder het volk; dwazen, wanneer zult u verstandig worden? Zou Hij Die het oor plant, niet horen? Zou Hij Die het oog vormt, niet zien? Zou Hij Die de heidenvolken bestraft, niet straffen, Hij Die de mens kennis bijbrengt? De HEERE kent de gedachten van de mens: vluchtig zijn ze." (Psalm 94:8-10)

Laat het aan God over! We moeten inderdaad vooral voorzichtig zijn om niet tegen het werk van de Heilige Geest te spreken (Mattheüs 12:32).

Was jij erbij toen ze de Heere kruisigden?

Als we het portaal van de geschiedenis openen, is het makkelijk om te geloven dat we niet zo zouden zijn als hen die Jezus Christus niet herkenden, maar realistisch gezien is dit niet het geval. Jezus neemt de tijd om de geleerden uit Zijn dagen eraan te herinneren dat hoewel zij de graftombes van de profeten hadden gebouwd om hen te eren, dat zij degenen zouden zijn geweest die hen hadden vervolgd als zij in die tijd hadden geleefd. Dit verslag staat in Lukas 11:47-48. Ze waren er niet blij mee dat dit hen werd verteld.

En Petrus geeft een sterke boodschap in zijn beroemde preek in Handelingen 2:36:

"Laat dan heel het huis van Israël zeker weten dat God Hem tot een Heere en Christus gemaakt heeft, namelijk deze Jezus, **Die u gekruisigd hebt**" (nadruk toegevoegd).

Wat zouden wij hebben gedaan als we rond het jaar 30 na Christus deel

Het leven is een slagveld

waren geweest van de menigte in Jeruzalem? De realiteit is dat we waarschijnlijk zouden hebben meegedaan met de meerderheid, die Jezus Christus had verwelkomd met palmtakken roepende: "Hosanna!", maar enkele dagen daarna van Pilates eisten: "Kruisig Hem!" Op wederom een stressvolle dag en proberend om deze problematische regio te regeren, waste Pilatus letterlijk de zaak van zijn handen en nam de gemakkelijke weg om de menigte tevreden te stellen en om de religieuze leiders aan zijn zijde te houden. Zelfs Petrus, één van Jezus Zijn innigste medewerkers, ontkende Hem toen het allemaal te zwaar werd.

Deze acties werden niet ondernomen uit een overtuiging dat Jezus Christus de dood verdiende, maar eerder door de absentie van een voldoende sterke overtuiging om tegen de meerderheid op te staan zodra de persoonlijke kost hiervoor te hoog was.

We herinneren ons nog een aantal verzen uit een christelijk volkslied uit de jaren 70:

> *Deed jij mee toen ze begonnen te zingen*
> *Kruisig, kruisig Hem?*
> *Ik weet dat jij het was, want ik was er ook*
> *Toen de wereld Nee zei*[20]

Christelijke controverse

Meer recente voorbeelden kunnen worden gevonden in controversiële dienaren van God, die tijdens hun leven in gelijke mate te maken kregen met hen die geloofden dat God hen machtig gebruikte en hen die het tegenovergestelde dachten. Eén van zulke dienaren van God was Smith Wigglesworth (1859-1947) uit Engeland, bekend als de apostel van geloof. Na zijn dood verscheen zijn verhaal in het populaire boek van Roberts Liardon *De generaals van God*, en het werd mogelijk om zijn preken wijd verspreid in christelijke boekwinkels te vinden. Hij is nu bekender dan toe hij leefde. Velen beschouwden hem in die dagen als een vreemd en controversieel figuur, en er was vaak een stigma verbonden aan het bijwonen van zijn samenkomsten.

---

20 Graham Kendrick. Copyright © 1974 Make Way Music

Verschillen in zaken van doctrine en werkwijze onder gelovigen waren en zijn aan de orde van de dag. Vergis je er niet in, want dat is de boodschap die de geschiedenis geeft. Als we niet voorzichtig zijn dan kunnen helden uit het verleden worden gezien door een idyllische waas of beoordeeld worden alsof ze hadden gewerkt in de cultuur van vandaag. De helden van vandaag kunnen maar al te gemakkelijk genegeerd, verkeerd begrepen en bekritiseerd worden gedurende hun leven.

John G Lake (1870-1935) wordt vandaag nog steeds bekritiseerd en geëerd. Hij verdroeg beschuldigingen van het beoefenen van geneeskunde zonder een licentie, en de onbetwistbare wonderen in zijn bediening werden ondermijnd door hem een kwakzalver en charlatan te noemen.

Charles Finney (1792-1875), bekend als de prins der evangelisten, inspireerde Billy Graham en vele anderen. Hij was controversieel en trok lastercampagnes aan. Toch wordt hij herinnerd voor het inspireren van wat bekend werd als de tweede grote ontwaking in de VS en voor het gebruik van de boetebank tijdens zijn samenkomsten. G. Frederick Wright die 30 jaar lang met Finney samenwerkte herinnert zich hoe een bepaalde periode van opwekking werd verstoord door bittere denominale ruzies (in dit geval over de doop van nieuw gelovigen). Dit had bijna tot gevolg dat het prachtige werk van God dat plaatsvond abrupt werd stopgezet. Charles Finney's samenkomsten trokken veel kritiek en georkestreerde lastercampagnes aan. Maar onder hen die kritiek hadden waren er die later hun zienswijze veranderden en zich verwonderden.

Rees Howells (1879-1950) wordt vandaag door gelovigen wereldwijd geëerd als het voorbeeld van een rechtvaardige man, vervuld met de Geest van God, die een bediening van voorbede ondernam tijdens de tweede wereldoorlog. Zijn gebeden worden gezien als die van Elisa van oudsher, als zijnde krachtig en effectief. Echter hij voorspelde publiekelijk dat de oorlog in 1940 zou eindigen terwijl het tegenovergestelde het geval was, en het net was begonnen. De pers portretteerde het als een mislukking, waardoor de publieke opinie zich tegen hem en het Bijbelcollege uit Wales keerde die hij financierde. Dit kon de goddelijke man uit Wales niet doen afschrikken, en hij nam de roeping tot geestelijke oorlogvoering in gebed op met zelfs nog meer vastberadenheid, wetende

HET LEVEN IS EEN SLAGVELD

dat God iets te zeggen heeft in elk situatie.[21]

In het 18e -eeuwse Brittannië was er sprake van hevige theologische controverse. Tegen deze achtergrond was er een van de felste aanvallen tegen John Wesley over een theologische kwestie. De zogeheten notitie controverse (refererend aan de notities van een van Wesley's conferenties) woedde van 1770 tot 1775. John Wesley werd beschuldigd van verschrikkelijke ketterij die schadelijk was voor de fundamentele principes van het christendom, en hem werd door vele prominente predikanten bevolen om terug te trekken hetgeen was opgetekend in zijn notities van augustus 1770. Hij wijdde daarin uit over iets dat hij had gezegd in 1744: "We hebben teveel richting het Calvinisme geleund" hij verklaart bijvoorbeeld:

> Heeft het praten over een gerechtvaardigde of geheiligde staat niet de neiging om de mens te misleiden? Bijna op natuurlijke wijze hen leidend om te vertrouwen in hetgeen werd gedaan op één enkel moment? Terwijl we ieder uur en ieder ogenblik welgevallig of niet welgevallig zijn voor God, volgens onze werken, volgens het geheel van onze innerlijke temperamenten en ons gedrag aan de buitenkant.[22]

Vanwege deze expressie van praktisch christendom, werd zijn naam zwart gemaakt en keerden velen zich tegen hem.

En zo komen we bij de SCOAN en bij T.B. Joshua – profeet, pastor, leraar, humanist en vader in de Heere voor velen.

Meer dan twintig jaar hebben we op de voorste rij gezeten en de mogelijkheid gehad om de diepte van de pogingen te observeren om deze machtige bediening te stoppen om voorwaarts te gaan. Vanaf de begintijden van onze betrokkenheid met deze beweging van God, hebben we geen tekort gehad in het ontvangen van negatieve meningen van heinde en ver over T.B. Joshua, en zijn we geïntroduceerd in de wereld van valse getuigenissen en beschuldigingen, lastercampagnes, boze aanvallen en karaktermoord.

> "Het leven is niet plezier en spelletjes. Het is een slagveld waar alleen de serieus gezinden overwinnen." (zie 2 Timotheüs 2:3-4)

---

21 Ruscoe, D.M. (2003). *The Intercession Of Rees Howells*. Lutterworth Press.
22 Fletcher, J. (1795). *First check to Antinomianism...* G. Paramore. p. 7

Iedereen die waarheid zoekt heeft geduld nodig en een onafhankelijke geest en zou het karakter en de staat van dienst van de man T.B. Joshua moeten overwegen in het verhogen van de Naam van Jezus Christus in tekenen, wonderen en krachten van genezingen. Dit is al meer dan 30 jaar consistent geweest. Er zijn massa's voorbeelden, vele opgenomen op video voor het nageslacht. Ook is er het diepgaande Bijbelonderwijs en constante aanmoedigingen aan luisteraars om Gods Woord de standaard voor hun levens te maken en voor hun dagelijkse overdenking.

Mattheüs 7:18 legt uit: *"Een goede boom kan geen slechte vruchten voortbrengen en een slechte boom kan geen goede vruchten voortbrengen."*

Er is geen neutraal koninkrijk! De zwartheid van het menselijk hart zonder God en het haten van Christus en het christelijk Evangelie zijn echt. De woede jegens God is dagelijks in de Westerse wereld te zien. Het boek Genesis herinnert ons dat in de dagen van Noach (zo ook vandaag):

"...al de gedachtespinsels van zijn hart elke dag alleen maar slecht waren." (Genesis 6:5)

De Profeet Jeremia proclameerde dezelfde waarheid:

"Arglistig is het hart, boven alles, ja, ongeneeslijk is het, wie zal het kennen?" (Jeremia 17:9)

C.S. Lewis (een 20e-eeuwse professor en theoloog) echode dit:

"We komen nooit achter de kracht van de boze impuls binnenin ons totdat we proberen er tegen te vechten."[23]

VALS GETUIGENIS

De tien geboden zijn een verzameling van Bijbelse principes gerelateerd aan ethiek en aanbidding die een fundamentele rol spelen in het judaisme en het christendom. Eeuwenlang hebben ze de Westerse christelijke democratieën vormgegeven, en in regels voorzien voor het burgerlijk leven voor zowel de religieuzen als de niet religieuzen. Aan kinderen werden de tien geboden onderwezen in de zondagschool samen met het gebed des Heren (het Onze Vader) als de grondbeginselen van het

---

23   Lewis, C.S. (1952). *Mere Christianity*. Macmillan. p. 78

HET LEVEN IS EEN SLAGVELD

christelijke geloof. Het negende gebod is dit: "U zult geen vals getuigenis spreken tegen uw naaste."

Zoals vele andere zondige gedragingen is vals getuigenis of valse verklaring, het natuurlijke product van een corrupt hart:

"Want uit het hart komen voort kwaadaardige overwegingen, moord, overspel, ontucht, diefstal, valse getuigenissen, lasteringen." (Mattheüs 15:19)

Al wat het nodig heeft is dat bitterheid of aanstoot wortel schiet in het hart, en al hun boze kompanen – waaronder vals getuigenis – komen naar boven.

In de christelijke geschiedenis zijn er meer dan genoeg valse claims, zwartmakerij, kwaadsprekerij, smadelijke geschriften en gecoördineerde campagnes van laster geweest. Dit zou ons niet moeten verrassen, want onze vijand, satan, wil niet zien dat het Evangelie voorspoedig is. En satan zal genadeloos iedere menselijke zwakte voor zijn doeleinden gebruiken voordat hij zijn instrumenten laat vallen en ze in ellende achterlaat.

"Want wij hebben de strijd niet tegen vlees en bloed, maar tegen de overheden, tegen de machten, tegen de wereldbeheersers van de duisternis van dit tijdperk, tegen de geestelijke machten van het kwaad in de hemelse gewesten." (Efeze 6:12)

Valse beschuldigingen zijn aan de orde van de dag, net als de andere zonden van het hart zoals lust en boosheid. Het kan een simpele effectieve strategie zijn die gebruikt wordt door de boze om een dienaar of bediening ten val te brengen. De kwestie is niet noodzakelijkerwijs de beschuldiging op zichzelf, maar het effect dat het zaaien van zaden van twijfel in het hart heeft. Deze zaden van twijfel kunnen vervolgens ontkiemen en groeien, en verwijderen gelovigen van hun heerlijke bestemming naar een beledigde, cynische, ellendige levensstijl waar religieuze diensten een verplichting worden.

Vanuit de Schriften observeren we dat wanneer we een leugen geloven, we niet alleen terugvallen naar een neutrale positie; we lopen het gevaar om een evangelist te worden die roddel, geruchten en leugens verspreid om zo de waarheid te vervormen. Iedereen kan Petrus zijn; iedereen kan Judas zijn! Aanstoot geven en liegen kunnen aan de orde van de dag zijn. Psalm 12:2 herinnert ons dat:

"Valse dingen spreekt men tot elkaar, met vleiende lippen; dubbelhartig spreekt men."

Spreuken 6:16-19 instrueert ons:

"Deze zes haat de HEERE, ja, zeven zijn een gruwel voor Zijn ziel: hoogmoedige ogen, een valse tong en handen die onschuldig bloed vergieten, een hart dat zondige plannen smeedt, voeten die zich haasten om naar het kwade te rennen, een valse getuige die leugens blaast, en die tussen broeders twisten teweegbrengt."

Aanstoot, haat, bitterheid, nijd, jaloezie, armoede en het verlangen naar geld of roem kunnen velen er toe leiden om de waarheid te ondermijnen. We hebben dit in actie gezien. De waarheid verandert niet, maar mensen kunnen hun verhaal veranderen afhankelijk van hetgeen ze op een bepaald moment willen bereiken. We zouden dit op verschillende gelegenheden meemaken.

Dit werd ook duidelijk voor Fiona in een volledig andere context toen ze haar juridische dienstplicht vervulde in het VK.

Wij 12 juryleden gekozen uit het multiculturele VK ontvingen volgend op een serieuze beschuldiging een strenge les van de rechter voordat we het bewijs in beschouwing zouden nemen. De rechter legde uit dat mensen om uiteenlopende redenen liegen, roepen en emotioneel kunnen zijn zelfs wanneer ze liegen. Het was een complexe zaak en in het begin leken de verhalen best overtuigend, maar begonnen gedurende de voortgang van het proces gewicht te verliezen. Aan het einde waren 10 van de 12 juryleden er klaar voor om hun oordeel 'niet schuldig' uit te spreken.

In de wereld van de politiek is kwaadsprekerij simpelweg een deel van de politieke wapenuitrusting voor een campagne. In de volksmond,: "Als je genoeg modder op een persoon gooit dan zal een deel blijven plakken en geloofd worden."

Sommige campagnes zijn gepland om een persoon van deze aarde te verwijderen. De wijngaard van Naboth in de Bijbel is hiervan een voorbeeld. Het boek 1koningen 21 verzen 9 tot en met 14 vertelt het verhaal van Izebel en haar opzettelijke gebruikmaking van vals getuigenis om het leven van een onschuldige man te nemen:

HET LEVEN IS EEN SLAGVELD

"In die brieven schreef zij: Roep een vasten uit en laat Naboth aan het hoofd van het volk zitten. En laat twee mannen tegenover hem zitten, verdorven lieden, die tegen hem getuigen: U hebt God en de koning vaarwel gezegd. Breng hem dan naar buiten en stenig hem, zodat hij sterft. En die mannen van zijn stad, die oudsten en die edelen die in zijn stad woonden, deden zoals Izebel hun opgedragen had, zoals geschreven was in de brieven die zij hun gestuurd had. Zij riepen een vasten uit, en zij lieten Naboth aan het hoofd van het volk zitten. Toen kwamen er twee mannen, verdorven lieden, tegenover hem zitten, en die verdorven lieden getuigden tegen hem, tegen Naboth, ten overstaan van het volk: Naboth heeft God en de koning vaarwel gezegd. Daarop brachten zij hem buiten de stad en stenigden hem met stenen, zodat hij stierf. Daarna stuurden zij Izebel een bode om te zeggen: Naboth is gestenigd en is dood."

Toen Nehemia onder de instructie van God de muren van Jeruzalem opbouwde, werden er een aantal pogingen gedaan om hem te laten stoppen met het werk. Een van de reacties van Nehemia was dat hij weigerde om op de zogezegde berichten in te gaan. Want zoals Nehemia 6 vers 9 zegt: *"Want zij allen wilden ons bevreesd maken. Ze zeiden bij zichzelf: Hun handen zullen het werk nalaten."* Aan het eind van het werk merkt de Bijbel op dat de vijanden inzagen dat dit werk door God was gedaan.

De vervolging van T.B. Joshua in Nigeria ging ook verder dan normaal. De mate van kleurrijke en venijnige beschuldigingen door de jaren heen tegen de bediening in een omvangrijke collectie drukwerk en online websites zou onvoorstelbaar zijn. Er zouden gebedssamenkomsten en rituelen plaatsvinden om de bediening te stoppen, en de lokale bevolking zou overgehaald worden om leugens te verspreiden en met plakkaten buiten de kerk te protesteren.

Terwijl al dit lawaai gaande was, brachten we kalm groepen naar de SCOAN. De meest consistente getuigenissen waren dat bezoekers dichter tot God zouden naderen en naar hun landen terugkeerden om actievere leden van hun diverse lokale kerken te zijn.

We zijn er door de jaren heen getuige van geweest hoe T.B. Joshua, geconfronteerd met massa's beschuldigingen, doorging met het aandacht geven aan zijn doel om het goede nieuws van Jezus Christus te proclameren en de gevangen vrij te zetten:

In het leven gaat het er niet om wat mensen over je zeggen, het gaat erom wat jij over jezelf gelooft. Jezus werd belasterd; Hij werd vals beschuldigd. Hij smeekte nooit bij iemand om in Hem te geloven. Ze beschuldigen Jezus van het gevuld zijn met duivelen! En toch gaf hij daar geen aandacht aan. Hij ging simpelweg door met het uitdrijven van duivelen (Mattheüs 12:24).

Mensen vechten altijd tegen wat ze niet begrijpen. Door de menselijke geschiedenis heen zijn de namen van mannen van God bevuild en bezoedeld geweest. Beschuldigingen en lasterlijke leugens zijn tegen grote politieke leiders en dienaren van God gekomen. Dit is een realiteit in het leven. Daniël bijvoorbeeld werd beschuldigd van het breken van de wet. Jozef werd vals beschuldigd van het verkrachten van de vrouw van zijn werkgever. Dit alles wetende verspilde Jezus nooit Zijn tijd aan Zijn critici. Hij hield simpelweg Zijn aandacht gericht op Zijn doel.[24]

TV-BELANGSTELLING VERZUURT

In het begin was er enige belangstelling van internationale omroepen voor wat er in de SCOAN gebeurde, vooral voor de genezing. Echter de SCOAN is geen gewone plek en het motief van iemand is van belang. De Heilige Geest onthult de ware motivaties, en hier is zo'n voorbeeld, zo belachelijk dat er onderzoek nodig is om te begrijpen wat erachter zit.

In de begindagen voordat Emmanuel TV bestond werd er aan een tv-ploeg van een onafhankelijke productiemaatschappij toestemming gegeven om op bezoek te komen en delen van een dienst op te nemen en een aantal interviews te houden. Ze hadden gezegd dat ze voor de BBC werkten en tijdens het bezoek waren ze erg complimenteus. Ze gaven zelfs live interviews tijdens de dienst waarin ze hun positieve ervaringen als bezoekers deelden. Echter dit bleek allemaal een misleiding te zijn. Hoewel de werktitel van het programma *Wereldwijd christendom* zou zijn, werd het uiteindelijke resultaat uitgezonden op Channel 4 in juni 2004 onder de titel *God is zwart*.

---

[24] T.B. Joshua, *To Know The Truth is to Know Jesus Christ*, SCOAN, folder beschikbaar in 2001.

Het leven is een slagveld

We keken verbijsterd toe terwijl het programma simpele gesprekken in de lokale taal (Yoruba) door lokale evangelisten als duister portretteerde, en een interview met T.B. Joshua was bewerkt op een zeer misleidende manier. En bij beelden van de gebedsrij speelde er griezelige muziek op de achtergrond.

In die tijd was er geen aanwezigheid in het VK, geen Emmanuel TV, geen internationale evangelisatie evenementen, maar toch was dit een duidelijke poging om de bediening te lasteren in het VK.

Bij een andere gelegenheid, toen er reguliere samenkomsten voor gebed in het VK plaatsvonden, lieten enkele undercover verslaggevers medische rapporten zien van serieuze aandoeningen, en deden net alsof ze wanhopig waren en op zoek naar gebed.

"Wil je me alsjeblieft helpen? Ik wil gebed voor deze aandoening." De jonge vrouw vouwde smekend haar handen, en zei met een smekende blik in haar donkere ogen: "Ik kom al vier weken, waarom bidden jullie niet voor mij? Hier is mijn medisch rapport." Het team was zich aan het klaarmaken voor een van de reguliere samenkomsten voor gebed met het Zalvingswater.

Gebed voor de zieken is al deel van de christelijke liturgie vanaf dat het Nieuwe Testament begon, hoewel de wijze en de manier waarop het wordt toegediend verschilt tussen christelijke tradities. Wellicht nog belangrijker is dat het succes van het gebed dat wordt toegediend in de Naam van Jezus Christus kan afhangen van het geloof in zowel degene die bidt als degene die gebed ontvangt. Echter het is wijd geaccepteerd. Het is dan ook erg vreemd dat zo'n dienstverlening die open is voor het publiek zonder enige suggestie dat er geld mee gemoeid is en overdag wordt gehouden, undercover aandacht van de media ontvangt.

Waarom wisten we zeker dat er iets niet klopte aan het verhaal van de vrouw? Het kan alleen de Heilige Geest zijn geweest die ons waarschuwde dat wat we aan de buitenkant zagen niet het hele verhaal was. We legden uit dat het nog niet de juiste tijd was om voor haar te bidden. We wisten niet dat de vrouw ons in de val probeerde te lokken zodat haar undercover camerateam zou zien dat ze gebed ontving en zo vrijelijk hun beschuldigingen konden maken. Gefrustreerd door onze weigering werd er toch een wild onjuist verhaal gepubliceerd (inclusief Fiona's foto) in de online versie van een bekende krant.

Later overvielen de nieuwsmedia een zondagochtend dienst met hun camera's en drongen zich een weg langs de medewerkers. We hadden geen idee wat ze verwachtten te zien! Het was geen grote samenkomst en de dienst was al afgelopen, waardoor er tijd was voor een kopje thee en een praatje. En het team hield zich bezig met de bezoekers.

Het merendeel van de deelnemers was al weggegaan toen het nieuwsteam naar binnen drong. Ze benaderden een teamlid met hun camera en microfoon en eisten te willen weten waarom we zekere patiënten ontmoedigden om hun medicatie te nemen (dit was niet waar). Ze informeerde hen dat we graag een afspraak zouden inplannen, maar dat we nu verder zouden gaan met het geven van onze aandacht aan de aanwezige mensen. Ze drongen aan om een antwoord te krijgen maar het liep op niets uit. We dachten dat ze waarschijnlijk een inschattingsfout hadden gemaakt met het tijdstip en dat ze gehoopt hadden om middenin de dienst binnen te stormen. Een van de teamleden probeerde hen tegen te houden door haar hand voor de camera te houden, en voorzag zo in een opname die uiteindelijk werd gebruikt in de uitzending om hun volledig ongefundeerde verhaal te onderbouwen.

12 september 2014

Op 12 september 2014 gingen we terug naar huis na een vriendschappelijk bezoek aan een student aan de universiteit van Oxford die van de SCOAN een studiebeurs had ontvangen, en hoorden het nieuws dat er een groot incident had plaatsgevonden bij de SCOAN in Lagos. Een gebouw dat internationale bezoekers huisvestte was plotseling in elkaar gestort, en er bleken veel slachtoffers te zijn. "De grootste beproeving sinds het begin van mijn roeping" was hoe T.B. Joshua deze tragedie zou omschrijven.

Dit was niet de enige internationale ramp die datzelfde jaar had plaatsgevonden waar het niet meteen duidelijk was wat er feitelijk was gebeurd. Er waren bijvoorbeeld twee vliegtuigen van Malaysia Airlines die waren

Het leven is een slagveld

neergestort – de ene was verloren boven de Zuid-Chinese Zee en de andere neergeschoten boven oostelijk Oekraïne. Wanneer zulke serieuze incidenten op het internationale podium plaatsvinden is het gangbaar dat verschillende waarnemers theorieën naar buiten brengen over wat er gebeurd zou kunnen zijn. De sociale media gonzen meestal van de suggesties, sommige vergezocht en andere meer plausibel. Echter officiele bronnen dichtbij het incident zijn meestal voorzichtiger en adviseren om te wachten totdat officiële onderzoeken zijn uitgevoerd alvorens conclusies te trekken.

Echter in het geval van het SCOAN incident werden de voorbarige uitspraken van lokale regeringsfunctionarissen over wat er was gebeurd onmiddellijk geciteerd. Dit zonder te onderzoeken of bewust te zijn van het bewijs. Ze bleken steun te leveren aan een campagne om nieuwsberichten diezelfde middag andere landen te laten bereiken, waarin T.B. Joshua als de schurk werd geportretteerd. Niets lag verder weg van de waarheid, maar de lastercampagne hield aan. Het leek alsof er een specifieke campagne liep om naar de pers te gaan met aanvallen op de bediening. Een van de verhalen was dat de mensen van de kerk onbehulpzaam waren tijdens de reddingsoperaties. In contrast hierop, in het geven van werkelijk bewijs, zei het Nigeriaanse Rode Kruis het tegenovergestelde:

> De kerkautoriteiten waren goed en behulpzaam voor ons. Ze waren zo gepassioneerd over de reddingsoperaties. En ik kan jullie ronduit zeggen dat ze ons nooit hebben tegengehouden om ons werk te doen. In plaats daarvan dekten hun inspanningen onze tekortkomingen.[25]

Het precieze moment van de instorting van het gebouw werd vastgelegd op cctv beveiligingscamera's, die laten zien hoe het hele gebouw symmetrisch ineenstort in minder dan vier seconden, zonder schade aan nabijgelegen gebouwen.

Camerabeelden die laten zien dat het gebouw symmetrisch instort

De aard van de instorting wijst niet naar

---

25 *Synagogue Building Collapse: Witnesses Vindicate Church as Coroner Allays fears of Prosecution*, The Maravi Post, 30 okt 2014

het falen van de constructie, maar op gecontroleerde sloop of gebouw implosie, zoals wordt toegepast om ongewilde gebouwen te slopen zonder nabijgelegen gebouwen te beschadigen. Dhr. Derrick Garvey, een Zuid-Afrikaanse architect met meer dan 50 jaar ervaring, was eenduidig toen hij over het incident sprak op de nationale tv van Zuid-Afrika: "Wanneer het gebouw ineenstort in een wolk van stof, kan het niet iets anders zijn…Het was gecontroleerde implosie sloop. Daar is absoluut geen twijfel over mogelijk."[26]

Zo'n sloop moet zorgvuldig gepland worden om zeker te stellen dat het gebouw binnen de eigen voetafdruk valt. Typisch worden hiervoor kleine en strategisch geplaatste explosieven ingezet, hoewel hydraulische pompen ook kunnen worden gebruikt, en met de gepaste planning en voorbereiding zouden andere technieken ook een implosie in gang kunnen zetten.

De cctv beelden en video opnamen door ooggetuigen laten ook duidelijk zien dat een laagvliegend vliegtuig dicht bij het gebouw was, en er vier maal omheen cirkelde op de ochtend van de instorting. Het was duidelijk zichtbaar dat dit vliegtuig een Hercules C130 was, eigendom van de Nigeriaanse luchtmacht. De autoriteiten erkenden dit officieel, maar er werd geen verklaring of details gegeven, behalve dat het bezig was met een circuit trainingsmissie. We hadden de SCOAN tientallen keren bezocht en hadden er vele maanden doorgebracht en hadden nooit eerder zo'n vliegtuig gezien.

Dat de aanwezigheid van dit vliegtuig in het gebied uniek is op die ochtend enkele minuten voorafgaand aan de implosie is onbetwistbaar, zelfs al is er geen direct bewijs van wat het vliegtuig aan het doen was.

Er zijn verschillende theorieën. Een academisch artikel uit juli 2015 bijvoorbeeld, stelt dat de vernietiging van het SCOAN gebouw waarschijnlijk in gang werd gezet door een infrasonisch wapen gemonteerd op het vliegtuig.[27] Een ander privé artikel legt uit hoe een chemische laser ingezet zou kunnen zijn vanuit het vliegtuig om explosieven af te

---

26   *Newsroom, 31 July 2015*. SABC News YouTube kanaal, 31 jul 2015
27   Iguniwei, P. B. (2015). *Elimination of the Structural Failure and the Placement of Chemical Explosives Options...* International Journal of Scientific Engineering and Research 3 (7).

Het leven is een slagveld

laten gaan die de implosie veroorzaakten.[28]

In twee artikelen gepubliceerd in juni 2017 beargumenteerd een voormalige minister van cultuur en toerisme en minister van luchtvaart van Nigeria dat het SCOAN gebouw werd opgeblazen in een geheime operatie uitgevoerd door malafide elementen in de inlichtingendiensten. De auteur claimt dat hem dit verteld is door medewerkers die werkzaam zijn binnen de diensten en legt met enig detail uit wat de mogelijke politieke en religieuze motieven zijn voor zo'n aanval.[29,30]

Focus vasthouden onder druk en spanning

De reactie van een profeet, een generaal van God in onze tijd, op de uitdaging waar de bediening in 2014 ten tijde van de instorting van het gebouw mee te maken kreeg was leerzaam, en we hadden het voorrecht om die reactie in actie te zien. Laten we een stap terug doen en de situatie onderzoeken zoals deze zich ontvouwde.

Er had een buitengewoon evenement plaatsgevonden in Colombia, met een vol olympisch stadion. T.B. Joshua was van plan om af te dalen van de berg waar hij verbleef in een rustieke accommodatie om te bidden voorafgaand aan het stadion evenement, en te verhuizen naar een plek waar hij toegankelijker zou zijn voor bezoekers die hem wilden ontmoeten.

Maar toen kwam de waarschuwing van God: "Een wolk bedekt Nigeria. Keer terug naar de Gebedsberg (thuis in Nigeria) en bid. En nog iets, schaf een nieuw cctv systeem aan voor het land in Ikotun Egbe."

Dit was in juli, en de instructie werd opgevolgd. Op vrijdag 12 september, de dag van de aanval, was de man van God aan het bidden op de Gebedsberg toen de berichten binnenkwamen over een vreemd vliegtuig dat rond de SCOAN cirkelde.

---

28 *A Thorough Examination Of The SCOAN Building collapse, debunking some theories*, The Maravi Post, 23 okt 2014
29 *Femi Fani-Kayode: How TB Joshua's church building was bombed [Part 1]*, Daily Post, 5 jun 2017
30 *Femi Fani-Kayode: How TB Joshua's church building was bombed [Part 2],* Daily Post, 7 jun 2017

Deze boze aanval werd aldus behandeld door het kalme voorbeeld van de man van God.

"Gebroken focus is de ware reden waarom mensen falen."

Zelfs te midden van deze verschrikkelijke beproeving veranderde zijn focus niet. In het voorkomen van opkomende paniek organiseerde hij kalm de evangelisten in reddingsteams gebruikmakend van de profetisch aanwezige ambulance op de locatie. Te allen tijde ging hij verder in een houding van gebed. Hoewel er die dag vele martelaren waren werden er ook velen gered om hun unieke verhalen te vertellen.

Tijdens de zondagdienst volgend op die noodlottige vrijdag werd de man van God gezien met onveranderde focus en krachtig staande voor iedereen die naar Emmanuel TV keek en zij die fysiek aanwezig waren in de kerk. De gebedsrij ging door en dit was tijdens de periode dat de reddingsactiviteiten succesvol doorgingen voor hen dit bekneld zaten onder het puin.

Slechts een week na het incident arriveerden we in de SCOAN en zagen de onwrikbare focus in actie.

We hadden het voorrecht om mee te gaan met een team dat naar Zuid-Afrika ging om hen die familieleden hadden verloren in deze aanval te ontmoeten. Dit waren mensen van geloof, nederig en bereid om de harde dingen in het leven te aanvaarden in geloof. De liefde voor de bediening die in de mensenharten werd aangestoken was inspirerend, geestelijk, hemels. De geschiedenis zal onthullen wat er zal gebeuren met de levens van deze martelaren – mensen die een onverwachte dood ontmoeten tijdens het najagen van God. Zij en hun families hebben een voorbeeld gezet, een standaard van gedrag waarvan we enkel kunnen hopen om dit na te kunnen doen. Vele families zouden ondersteund blijven worden door middel van onderwijs.

Vooruit spoelen naar Mexico 2015. Terwijl we rondkeken in het volle Aztek stadion (het grootste in Latijns-Amerika) en zagen dat de Naam van Jezus Christus geëerd en verhoogd werd, slechts enkele maanden na de verwoestende aanval, dankten we God dat de focus van Zijn dienaar profeet T.B. Joshua niet was gebroken. Veel van de families van

Het leven is een slagveld

de martelaren waren aanwezig als eregasten.

Crusade met T.B. Joshua in Mexico in 2015

De boze aanval, want dat is wat het was, had de bedoeling om de bediening uit te schakelen en dodelijk te verwonden. Maar aan God zij de heerlijkheid, hoewel er nog steeds mysteries opgelost moeten worden in Gods tijd, is de bediening er gaandeweg sterker uitgekomen.

Lawaai in Nazareth

In juni 2019 hield T.B. Joshua een historische samenkomst op Mount Precipice in Nazareth, Israël. De thuisstad van Jezus Christus. Duizenden reisden van over de hele wereld. Echter voordat het evenement plaatsvond was er een dusdanig lawaai door heel Israël heen dat ze zeiden dat het evenement zou worden geannuleerd.[31]

Religieuze leiders van zowel christelijke als islamitische tradities verschenen op tv om hun volgelingen te waarschuwen:

"Zelfs uit nieuwsgierigheid zouden onze mensen niet moeten gaan; als ze dat wel doen dan promoten ze een leugenaar, een persoon die niet van de voordelen van het christelijke geloof houdt. Deze man promoot enkel leugens en iedereen die deze leugenaar volgt is onrechtvaardig. Dat is de reden dat we onze mensen verbieden om deel te nemen aan dit evenement."

"We zouden deze plek, die als zeer heilig wordt beschouwd, niet aan een tovenaar moeten geven. We zouden niet moeten toelaten dat hij ons land gebruikt om zichzelf te adverteren. Ik ben tegen dit bezoek; deze persoon beledigt mensen van alle religies in Nazareth. Ze zouden hem

---
31 *Persecution is Promotion! Lessons From TB Joshua In Nazareth,* TB Joshua Ministries Facebook Post, 21 aug 2020

moeten uitbannen en hem helemaal geen mogelijkheid moeten geven!"

"Het boycotten van de zionist tovenaar is een nationale en religieuze plicht."

Voor het evenement werd Mount Precipice zelfs in brand gestoken om te voorkomen dat het evenement zou plaatsvinden. Er vond ook een protest plaats, de mensen scandeerden: "Luister naar ons! Laat deze heks van ons weggaan! Mount Precipice zal nooit door jou worden vernederd, lafaard!"

Het lawaai ging zelfs nog door terwijl het evenement plaatsvond. Terwijl T.B. Joshua over liefde predikte, zonden religieuze groepen aan de overkant van de samenkomst deze boodschap uit: "Heb geen deel met deze tovenaar. Dit is een heks in ons fatsoenlijke land."

Zelfs na het evenement voerde een groep religieuze mensen een ritueel uit op Mount Precipice, beweerend dat ze de Bijbelse plaats aan het reinigen waren gebruikmakend van zout, water en bladeren.

Desondanks ging T.B. Joshua door totdat hij volbracht had waartoe de Heere hem gezonden had om te doen in Nazareth; publiekelijk daar de Naam van Jezus Christus roepen na 2000 jaar. Niet alleen dat; genezing, bevrijding, tekenen en wonderen vonden plaats in Zijn Naam.

"En na hen geroepen te hebben, gaven zij hun het bevel helemaal niet meer te spreken of te onderwijzen in de Naam van Jezus. Maar Petrus en Johannes antwoordden en zeiden tegen hen: Oordeel zelf of het juist is in Gods ogen, meer naar u te luisteren dan naar God." (Handelingen 4:18-19)

> Je hoeft alleen van boven vanuit de Hemel te horen: "Ga!". Wie ben jij om nee te zeggen? Wanneer God ja zegt, dan kan geen mens nee zeggen. Het lawaai van noord en zuid, het lawaai van oost en west maakt niet uit. Het promoot alleen.[32]

We hadden het voorrecht om dit allemaal voor onze ogen te zien ontvouwen. Inderdaad leek het vanuit een planning en organisatie oogpunt vaak alsof het niet door zou kunnen gaan. Maar profeet T.B. Joshua had het woord van Jezus gehoord dat zei: "Ga!" Zoals hij uitlegde aan één van de teamleden die twijfelde of het evenement werkelijk kon doorgaan,

---

32 Ibid.

Het leven is een slagveld

had het wat hem betreft al plaatsgevonden in de Hemel. Wij moesten simpelweg stand houden in geloof.

YouTube schorsing

Tegen 2021 was Emmanuel TV het meest bekeken algemene christelijke kanaal geworden op YouTube, met video's vertaald in meerdere talen en een collectief aantal views van meer dan 1.000.000.000 keer. Echter in april 2021 sloot YouTube het kanaal, citerend uit de community richtlijnen die haatzaaiende taal verbieden.

Vele geabonneerden uitten hun ontzetting en verbazing door sociale media te overspoelen met verzoeken aan YouTube om Emmanuel TV op haar platform te herstellen. Sommigen maakten hun afkeur voor de beslissing bekend in artikelen voor de Afrikaanse pers. Bijvoorbeeld een artikel dat klaagde refererend aan YouTube:

> Ze claimen dat hun acties gebaseerd waren op haatzaaiende taal uit een bevrijdingsvideo. Een video die voor een ware gelovige een inspirerend getuigenis van transformatie is.[33]

Andere commentatoren spraken hun bezorgdheid uit over de bredere implicaties voor allen die vasthouden aan conservatieve christelijk waarden. Bijvoorbeeld Noah Pitscher, de wereldwijde politiek schrijver voor Afrika Nieuws Vandaag, een internationale nieuwsorganisatie gefocust op VS-Afrika beleid, reflecteerde dat:

> Het label haatzaaiende taal kan losjes gedefinieerd aanvoelen, allesomvattend, en open voor subjectieve interpretatie...Dit roept bezorgdheid op onder religieuze gemeenschappen over of pastors gestraft kunnen worden voor het slechts lezen van de leringen van de Schrift.[34]

De Nigeriaans-Amerikaanse Pers Vereniging deed ook een bijdrage, en beschreef de beslissing door Google (de moedermaatschappij van

---

[33] *The Tyranny of Social Media Giants and Modern Persecution of the Church*, The Maravi Post, 17 apr 2021
[34] *YouTube walks dangerous line between tolerance and censorship in its decision to terminate channel of famed Nigerian pastor T.B. Joshua*, Today News Africa, 21 apr 2021

YouTube) als discriminerend.[35]

Tegen deze achtergrond van potentiële spanning en conflict, behandelde T.B. Joshua de kwestie direct op een Emmanuel TV partners samenkomst, en moedigde de supporters aan om YouTube te waarderen en ervoor te bidden:

> Het gebeurde is een zegen, ik wil dat jullie me helpen met bidden voor YouTube. Bid voor hen! Zie hen niet op de tegenovergestelde manier, zie hen als vrienden. We moeten sterk zijn.
>
> Menselijkerwijs weet ik dat de manier waarop jullie ernaar kijken niet de manier is waarop ik er naar ga kijken. Ik kijk er anders naar. Denk eraan om te bidden voor YouTube. Velen van jullie die hier vandaag zijn – als YouTube er niet was, zouden jullie hier waarschijnlijk niet zijn. Het was door middel van YouTube dat je naar T.B. Joshua keek en in staat was om hier te komen. Alstublieft, bid voor hen. Kijk er op een andere manier naar.[36]

Hij ging verder met uitleggen dat, als christenen, waar we nu doorheen gaan bedoeld is om ons voor te bereiden op de toekomst. Niet wat de ene partij of de andere partij zegt is van belang, maar wat de toekomst zegt. We moeten elke reactie naar God brengen in gebed.

Wederom verloor profeet T.B. Joshua zijn focus op zijn relatie met God niet. Zoals apostel Petrus zei:

"Daarom, laten ook zij die lijden naar de wil van God, hun zielen aan Hem, als de getrouwe Schepper, toevertrouwen in het doen van het goede." (1 Petrus 4:19)

Gratis reclame

T.B. Joshua heeft nooit zijn preken of kerkdiensten geadverteerd en was toch in staat om wereldwijde aandacht te trekken. Het geheim? Vervolging!

> Laat mensen reclame voor je maken. Maak geen ruzie. Als je werkelijk oprecht bent dan is alles wat de mensen over je zeggen – of ze je veroordelen, je naam door het slijk halen of je prijzen –

---

[35] *YouTube ban was 'work of God'* — *TB Joshua*, The Nation (Nigeria), 19 apr 2021
[36] *My Response to Emmanuel TV's Suspension on YouTube*, TB Joshua Ministries Facebook Post, 18 apr 2021

Het leven is een slagveld

voor je eigen bestwil.[37]

John Fletcher, een naaste college van John Wesley – geen vreemde in het omgaan met controversiële kwesties – maakte bijna 300 jaar geleden een gelijksoortige observatie, diep reflecterend op hoe satan's tegenstand ten goede uitwerkt voor het Evangelie:

> Hoe meer de god van deze ontaarde wereld zichzelf verhoogt in tegenstand aan de waarheid, des te meer beschikt hij ieder oprecht hart voor de ontvangst ervan. Het Evangelie is die eeuwige rots waarop de Kerk is gefundeerd, en waartegen de poorten van de hel nooit kunnen overwinnen; en hoewel deze rots omgeven wordt door talloze legers van zichtbare en onzichtbare vijanden, hun herhaalde aanvallen dienen er enkel toe om, met toenemende zekerheid, de onwrikbare vastheid en absolute ondoordringbaarheid aan te tonen.
>
> Een helder zicht op het soevereinde goed, zoals ons gepresenteerd word in het Evangelie, is voldoende om het universeel begeerlijk te maken. Echter de sluier van onoplettendheid verhult in grote mate dit soevereine goed en de mist van vooroordeel verduisterd het geheel. Maar door het inhumane gedrag van de vervolgers van het christendom, hun valse beschuldigers, hun geheime plannen, en hun niet geëvenaarde wreedheid, wordt deze mist regelmatig opgelost, en worden deze sluiers van boven naar beneden in tweeën gescheurd.
>
> Dwaling wordt door deze middelen tentoongesteld aan de blik van de wereld, terwijl iedere onpartijdige observeerder, aangetrokken door de charmes van vervolgde waarheid, onderzoek doet in zijn aard, zijn uitstekendheid erkend, en uiteindelijk triomfeert in het bezitten van die onschatbare parel die hij ooit verachtte. En zo hebben de tranen van de getrouwen, en het bloed van belijders, er in het algemeen voor gezorgd om het zaad van het Koninkrijk te verspreiden en te voeden.[38]

---

37 Officieel TB Joshua Twitter-account 18 apr 2017
38 Fletcher, J. (1804). *The Portrait of St. Paul*. Kirk & Robinson. pp. 116–7

Toewijding vermeerdert geloof

"Actief geloof maakt de dingen die tegen ons zijn dat ze voor ons zullen zijn."

Inderdaad kunnen de dingen die bedoeld zijn om tegen het volk van God te zijn, werken voor hun vooruitgang. Geloof moet beproefd worden in een echte situatie. Wanneer je door de beproeving heen standhoudt in je toewijding, dan zal Jezus jou meer geloof geven.

Dit hoofdstuk eindigt met de woorden van een krachtige preek door T.B. Joshua die uitlegt waarom vervolging onvermijdbaar is en openbaart de diepe relatie tussen geloof en toewijding.

TOEWIJDING VERMEERDERT GELOOF

T.B. Joshua, de SCOAN zondagdienst, 12 augustus 2018

Johannes 15:18-19 – *Als de wereld u haat, weet dat zij Mij eerder dan u gehaat heeft. Als u van de wereld zou zijn, zou de wereld het hare liefhebben, maar omdat u niet van de wereld bent, maar Ik u uit de wereld heb uitverkoren, daarom haat de wereld u.*

De wereld haat de discipelen van Jezus, en jij bent één van de discipelen. Als je een volgeling van Jezus bent, hoewel je in de wereld bent, je bent er geen deel van. Dat is waarom de wereld jou haat – omdat je niet deel bent van alles waar de wereld voor staat. Er is een barrière tussen ons en alles in de wereld als je een discipel bent.

Het ogenblik, het moment, dat we geïdentificeerd worden met Jezus Christus en Hem oprecht aanvaarden als onze Heere en Redder, zal de wereld ons haten. Het bewijs dat je Jezus waarlijk ontvangt, oprecht, is dat de wereld je zal haten. De wereld die momenteel onder satanische controle is zal jou op dezelfde manier haten als dat het Jezus haat.

Sommigen onder ons zouden zeggen, "Waarom zouden we lijden en sterven nadat Jezus de overwinning heeft behaald aan het kruis en voor

HET LEVEN IS EEN SLAGVELD

ons heeft geleden?" Het antwoord wordt gevonden in Johannes 15:20, waar Jezus zei:

"Herinner u het woord dat Ik u gezegd heb: Een slaaf is niet meer dan zijn heer."

Iedereen die claimt dat hij niet hoeft te lijden omdat Jezus voor hem heeft geleden spreekt tegen wat Jezus zei. In andere woorden, wanneer we Jezus Christus accepteren als onze Heere en Redder, dan zeggen we dat we burgerschap in de Hemel en dood hier op aarde accepteren. Volledige toewijding is wat Jezus door het hele Evangelie heen vraagt.

De doctrine die zegt dat er geen lijden zal zijn, geen gezondheidsuitdagingen, geen tegenspoed is niet in lijn met Gods Woord, want een mens kan lichamelijk ziek zijn en toch een kandidaat van de Hemel, een vriend van Jezus zijn. Een mens kan arm zijn en toch een favoriet van de Hemel zijn.

Sta niet toe dat je situatie over jou heerst. Velen vandaag de dag beginnen Jezus in een slecht daglicht te zien wanneer ze ziek zijn. Er zijn zowel goede als slechte tijden in onze wandel met de Heere, wanneer de dingen goed gaan en wanneer dingen de ander kant op gaan. We leren het meest wanneer dingen de ander kant op gaan in plaats van wanneer dingen op onze manier gaan.

We kunnen oorlogvoering niet scheiden van redding. Ware redding zal ons in een direct conflict met satan zetten. De dag dat je een volledige toewijding maakt aan Jezus, heb je oorlog verklaard tegen satan. Door jezelf te identificeren met Jezus van Nazareth, heb jij jezelf een bittere vijand van satan gemaakt.

Zodra Jezus ons koopt, worden we buitenlanders hier op aarde – vreemdelingen. Er zal een barrière zijn tussen ons en alles hier op aarde. Wat is de barrière? Je kunt niet gaan waar Jezus niet welkom zal zijn; je kunt niet zeggen wat Jezus niet zou willen horen; je moet gaan waar Hij zal worden verwelkomd.

Voordat je kan worden aanvaard, vraagt toewijding aan Jezus om jou te aanvaarden. Je zegt, "Heere Jezus, ik ben een zondaar. Was mij met Uw kostbaar bloed; red mijn ziel" en je stopt met roken, naar nachtclubs gaan, ruzie maken en leven met jaloersheid. Echter totdat je hart aanvaard wat je zegt, ben je niet zo in je hart.

Toewijding vraagt Jezus om jou te aanvaarden.

Er zijn veel dingen die je hebt gedaan of beweert dat je aan het doen bent, maar je bent niet zo in je hart. Bijvoorbeeld, je aanvaarde Jezus als jouw Heere en Redder, en je stopte met roken, maar je rookt nog steeds in je dromen. Je leidt een begrensd leven; je bent niet vrij; dat is, je leeft altijd met aandrang – aandrang voor dit en dat. Je zegt: "Ik ben een kind van God", maar je ziet jezelf alcohol drinken of met verschillende vrouwen slapen in je dromen. Dat komt omdat je niet zo bent in je hart.

Toewijding staat als een brug, een oversteek, een link, een intermediair, tussen ons en Jezus. Toewijding betekent: "meen het met heel je hart." Het moment dat je een toewijding maakt, zal je beproefd en getest worden om aan te tonen of je echt meent wat je zegt. Ben je oprecht, of ben jij jezelf aan het bedriegen?

Wanneer je tijdens de beproeving blijft vasthouden aan jouw toewijding, zal Jezus jou meer en meer geloof geven naarmate je verder gaat. Geloof is een puur geschenk van God. Je kunt niet in geloof groeien als je geen toewijding maakt. Alleen geloof behaagt God.

Als je een christen bent, een gelovige, een pastor, een bisschop, een profeet, of dat aan het worden bent, dan moet er in iedere stap een aanwijzing naar jou komen van de Geest die aangeeft dat de handeling moet worden uitgevoerd. Ik ben een dienaar. Ik kan niet de richting bepalen, de positie, of wat te zeggen; ik kan niet beslissen welk lijden te dragen.

Je strijkt jouw kleding en zegt dat je dit op maandag zult dragen en dat op dinsdag – hoe weet jij dat je in leven zult zijn op die dagen als je een buitenlander bent, een dienaar, een vreemdeling hier op aarde? Dat is een van de dingen waarmee we God zwaar beledigen.

Wat is de positie van God? De dag dat je wakker word en zegt: "Het volgende, ik weet het niet. Over naar u God" dan ben je een christen, een volgeling van God. De vreze van God zal daar zijn.

Wij bezitten nu; God bezit onze toekomst. Jij neemt het nu over; Hij neemt jouw toekomst over. Jij kunt er nu mee beginnen. Laat jouw 'volgende' aan God over.

God kan elk medium gebruiken

"Zalf water! Dit Zalvingswater zal naar plaatsen gaan die moeilijk te bereiken zijn!" Zo luidde de van God ontvangen instructie. Het was een instructie in gerechtigheid die voorkwam uit het zoeken van het aangezicht van God almachtig door T.B. Joshua op de Gebedsberg. Deze instructie werd vervolgens ondergedompeld in een bad van vurig, effectief gebed.

Zalvingswater

In de periode tussen de eerste reeks internationale Evangelie evenementen (crusades) in verschillende landen tot en met 2007, en de tweede reeks van zulke evenementen, die weer begon in 2014, was er de lancering van het Zalvingswater, ook bekend als het Ochtendwater. In het begin waren dit grotere flessen, maar die zouden spoedig reduceren naar afmetingen die officieel in een vliegtuig konden worden meegenomen.

Waarom water? Welnu, God kan elk medium gebruiken en zoals T.B. Joshua heeft aangegeven kun je water veilig aanbrengen op verschillende delen van het lichaam.

Het effect van deze instructie was immens. Het Zalvingswater, dat kosteloos werd gegeven aan bezoekers van de SCOAN, zou voorkomen in getuigenissen van over de hele wereld en verschillende talen, culturen, tijdzones, en christelijke ervaringen vertegenwoordigen.

Dit geschenk was controversieel voor sommigen en volkomen aanvaardbaar voor andere delen van het christendom.

Deze gebieden zijn mysterieus. Het Zalvingswater is vanuit een chemisch oogpunt gewoon water, maar in een ander opzicht – hoe zou het gewoon kunnen zijn? Het kwam niet voort uit een directievergadering waarin aantallen, quota, prijzen en tijdsplanningen werden besproken. Echter de zalving die erachter zit is authentiek en krachtig.

Aangesteld om te reizen

Als evangelisten voor het heerlijke Evangelie van onze Heere en Redder Jezus Christus en onder de leiding van profeet T.B. Joshua, kwam er een tijd dat we over de wijde wereld werden uitgezonden. We werden gezonden om het Evangelie te prediken en om met het Zalvingswater te bidden voor de zieken en de gekwelden in de Naam van Jezus Christus.

Het was begin oktober 2010 toen we de SCOAN in Lagos bezochten. Het was een moeilijke tijd geweest waarin er diverse lawaaierige aanvallen tegen de bediening in ons land waren geweest en we vroegen om te mogen bidden en om Gods aangezicht te zoeken in deze plaats van geloof.

Het was geweldig om daar te zijn en tegelijkertijd ook spannend want we waren aan het wachten, maar we wisten niet waarop we aan het wachten waren! We probeerden geduldig te zijn, maar het was een tijd van beproeving. In privé gesprekken onder elkaar herinnerden we ons de voorvallen van vijf zes jaar daarvoor toen we Rusland hadden bezocht om gelovigen te bemoedigen en om hen te helpen om de SCOAN te bezoeken, en hoezeer we hadden genoten van het ontmoeten van de Russische gelovigen.

Net voordat we naar de luchthaven zouden vertrekken ontvingen we een oproep om naar het kantoor te komen. Wat vervolgens gebeurde was alsof het recht uit de Bijbel kwam:

God kan elk medium gebruiken

"En een van zijn dienaren zei: Nee, mijn heer koning, maar Elisa, de profeet die in Israël is, maakt de koning van Israël de woorden bekend die u in uw slaapkamer spreekt." (2 Koningen 6:11-13)

We gingen het kleine kantoor binnen, ons ervan bewust dat dit een ontmoeting met een profeet was. We geloven tot op deze dag dat T.B. Joshua niet wist wat hij tegen ons zou zeggen toen we het kantoor binnenkwamen. Langzaam nam hij een tas met flesjes Zalvingswater, pauzeerde, erop lijkend alsof (volgens onze aandachtige observatie) hij aan het luisteren was, en vulde vervolgens de tas totdat het er 11 of 12 waren. En toen kwam het, de instructie in gerechtigheid:

"Jullie zijn evangelisten. Ga naar Rusland! Laat me voor jullie bidden."

Langzeem en doelbewust bracht hij onze handen samen, hield ze vast en bad, "Vader verbindt Uzelf aan hun bescherming, versterk hun verlangen naar Christus." Het was een zending, een opdracht om te laten zien wat het water kan doen. Geloof, vrede en een immens besef van doelgerichtheid overspoelde onze harten en op de luchthaven van Lagos, wachtend om aan boord te gaan, begonnen we al te onderzoeken hoe we het konden laten gebeuren.

Wat volgde was de lancering van twee jaar rondreizen in voornamelijk Russischtalige landen.

Door de koude, afgelegen woestenijen van Aziatisch Rusland, naar de randen van Oezbekistan. Naar kleine 1-persoons appartementen in Kazan met 50 mensen erin gepropt, naar verbogen christelijke ontmoetingsplekken in Karaganda in de uitgespreide steppes van Kazachstan. Naar gelovigen die vaak in het geheim samenkwamen, die gehoord hadden van T.B. Joshua, en die de zalving van God wilden ervaren.

De samenkomsten, hetzij groot of klein, zouden een vergelijkbaar format volgen; een prediking uit de Evangeliën, vaak gebaseerd rond de blinde Bartimeüs (Markus 10:46-52), de Kananese vrouw (Mattheüs 15:21-28) of de man die door het dak naar benden werd gelaten (Markus 2:1-12). Dit was om de congregatie te helpen om op Jezus te focussen en om Zijn ontferming te vragen. Daarna zouden we video's (met Russische vertaling) laten zien met getuigenissen van gebed met gebruik van het

Zalvingswater en van het massagebed van de SCOAN. De congregatie zou opstaan en meedoen met het massagebed, en dit zou bijna altijd resulteren in een aantal mensen die boze geesten manifesteerden en daarna genezing proclameerden.

Het was ook een mogelijkheid om uit te leggen dat er geen bepaalde theologie verbonden was aan het water en dat het Zalvingswater niet te koop was. God kan alles zalven, en niemand kan zalving verkopen. T.B. Joshua legde zelf uit dat elke betaling voor het water, of zelfs voor het zenden of ontvangen ervan, er gewoon water van zou maken. Vele gelovigen in verschillende landen uit verschillende lagen van de bevolking, vooral de armen, begrepen dit simpelweg.

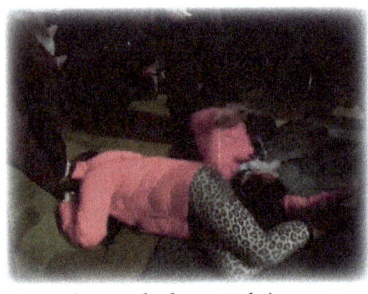

Reactie op gebed met Zalvingswater

Het was op zo'n afgelegen plek, waar de sneeuw rijkelijk viel, dat we de rauwe kracht van God zagen, voorbij cultuur, voorbij ras, voorbij comfort. De congregatie kwam naar voren en wachtte vol verwachting in een rij. Het water werd zonder een menselijke aanraking toegediend. De woorden "In de machtige Naam van Jezus Christus!" waren nog maar net gesproken toen er mensen begonnen te schreeuwen, roepen, en heen en weer te springen. De overgang van het netjes en beleefd in een rij staan naar het vertonen van boosheid, woede en zelfs dierachtig gedrag met duistere geluiden was onmiddellijk.

Een zo'n dame die herhaaldelijk op ons afsprong en gromde terwijl we aan het bidden waren en het water sproeiden, zou degene zijn die de volgende dag getuigde van een opmerkelijke verbetering in haar fysieke gezondheid.

"De dief komt alleen maar om te stelen, te slachten en verloren te laten gaan; Ik ben gekomen, opdat zij leven hebben en overvloed hebben." (Johannes 10:10)

Enkele getuigenissen

Het zou moeilijk zijn om het aantal keren te kwantificeren dat we vervolggetuigenissen zagen of hoorden na het bidden met dit water. We

God kan elk medium gebruiken

ervaarden persoonlijk Gods bescherming en significante verbeteringen in onze gezondheidstoestand wanneer we tijdens onze reizen uitdagingen in onze gezondheid ervaarden.

Kyrgyzstan

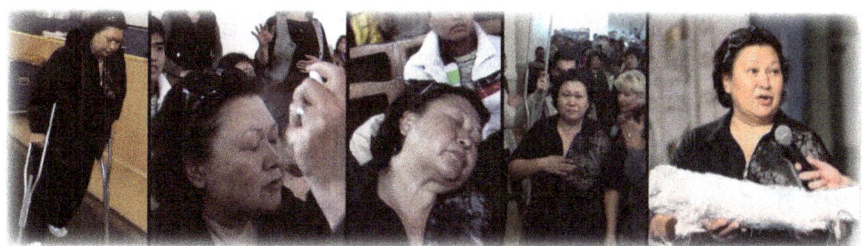
Genezing in Kyrgyzstan

Een onvergetelijke herinnering is onder meer de genezing van een dame met een ontwrichte en gebarsten knie in een grote kerksamenkomst in Kyrgyzstan. Ze arriveerde gebruikmakend van krukken bij de gebedsregistratie, niet in staat om enig gewicht op het verwonde been te zetten, en we namen een volledig interview af. We moedigden haar aan om in geloof te blijven en ze kreeg een zitplaats aan de achterkant van de zaal. We legden haar uit dat we naar haar toe zouden gaan tijdens de bedieningstijd om met het water te bidden, en geloofden dat God de pijn zou verminderen. Wat er gebeurde was verbluffend. Jezus verscheen op het toneel; het leek alsof ze bijna in een trance viel en stond vervolgens blij op en liep zelfverzekerd de trap af zonder haar krukken en zo het podium op. Hierna wilde ze dat het verband en het gips verwijderd werden, en een lokale verpleegster ging op haar verzoek in!

Oekraïne

Dan waren er de getuigenissen van hen die de vrucht van de schoot ontvingen, die vele jaren kinderloos waren geweest. Tijdens een bezoek aan een kerk in Oekraïne in september 2012, hadden we de blijdschap om drie wonder baby getuigenissen tegelijkertijd op te nemen. Er was een tijdje een speciaal Zalvingswater aangewezen door profeet T.B. Joshua voor de vrucht van de schoot, en die kwam voor in elk van de getuigenissen.

Een vrouw had de diagnose gekregen van een grote cyste in haar ovarium, en de doctoren hadden haar geadviseerd dat ze niet in staat zou zijn om zwanger te worden. Haar medische rapporten en scans lieten duidelijke een grote cyste zien. Tijdens een dienst aan het eind van 2010 in Oekraïne hadden we voor haar met het Zalvingswater gebeden in de Naam van Jezus. We hadden haar ook een fles gegeven van het speciale vrucht van de schoot Zalvingswater om thuis te gebruiken. Drie maanden later werd ze zwanger, en tegen september 2012 was haar gezonde dochtertje negen maanden oud.

Een ander koppel ontving ook hun wonder door de toediening van het Zalvingswater, maar op een andere manier. De pastor van de kerk was begin maart 2011 teruggekeerd van een bezoek aan de SCOAN, en had het vrucht van de schoot Zalvingswater meegebracht.

Vrucht van de schoot getuigenissen in Oekraïne

Geïnspireerd door wat hij had gezien in de SCOAN, hield hij een vrucht van de schoot gebedsdienst in zijn kerk, en liet een sjaal rondgaan die hij had gezalfd met het water. Het kind werd slechts een maand na dat gebed van geloof verwekt.

Het derde koppel waren de pastors zelf. Zonder succes hadden ze geprobeerd om een tweede kind te krijgen Hun eerste kind was 18 jaar oud, en zelf baden ze ook met het Zalvingswater dat was meegebracht na pastor Dima's bezoek aan de SCOAN. En binnen een maand waren ook zij in verwachting van een baby.

Pastor Dima bezocht opnieuw de SCOAN in november 2011 om hun getuigenis te delen en ook om God te zoeken voor een doorbraak in bovennatuurlijke bediening voor de hele kerk. Hij ontving een profetie van T.B. Joshua tijdens de dienst, waarin werd verklaard hoe God hem zou gebruiken in zijn natie. En toen hij T.B. Joshua ontmoette aan het eind van zijn bezoek, ontving

Nog een Oekraïne getuigenis

God kan elk medium gebruiken

hij een impartatie waarbij hij de kracht van God voelde neerdalen in zijn handen. Er was inderdaad een geestelijke doorbraak in zijn kerk bij zijn terugkomst.

Pakistan

Een Russische pastor bracht ons in contact met een kerk in Pakistan, waar we ook het Zalvingswater naartoe brachten. Hier strekten de getuigenissen zich uit naar de landelijke boerengemeenschappen. Eerwaarde Khalid Jamali zond ons deze getuigenis na een van onze bezoeken:

> Ik ging naar het dorp Chathian Wala waar buffelherders leven. Iedereen heeft 10 tot 30 buffels, maar een zekere vrouw had slechts één buffel. Ze heeft slechts de inkomensbron van één buffel en die buffel was bijna dood die keer toen we daar waren voor een samenkomst met het Zalvingswater. De dame kwam en ik gaf haar het Zalvingswater. Toen de buffel het dronk, was deze na twee minuten gezond, en de vrouw begon te hullen van geluk en blijdschap.[39]

Het jaar daarop hadden we de mogelijkheid om dat dorp te bezoeken en een aantal andere getuigenissen op te nemen van het gebruik van het Zalvingswater, waaronder het verhaal van een jongeman genaamd Zahid. Zijn familie inkomen was afkomstig van een tarweveld net buiten het dorp dat door insecten was aangetast. Ze konden het zich niet veroorloven om het gebied met insecticide te bespuiten, maar met geloof in het bloed van Jezus Christus, besproeiden ze het veld met het Zalvingswater. De tarwe groeide en dat jaar hadden ze een record oogst.

Getuigenis van een boer in Pakistan

In de dichtbevolkte buurt Kahna Nau in de binnenstad van Lahore in Pakistan, volgden we de pastor door een deuropening naar een armmoedige binnenplaats, waar we een jongeman zagen liggen op een matras. De man genaamd Shahzad keek op naar ons. We hoorden geschokt hoe

---
39 Privé email, 4 sep 2012

hij daar al maanden lag met een ernstige anale wond die iedere week erger werd.

Gary bracht snel wat Zalvingswater op de wond aan en we goten ook wat in een fles van zijn eigen water om later te gebruiken. We moedigden hem aan om in geloof in Jezus Christus te blijven.

Nadat we zes maanden later waren teruggekomen luisterden we naar zijn geweldige getuigenis gesproken in het Urdu dialect:

Getuigenis van genezing in Pakistan

"Ik had zeven maanden lang een wond op mijn billen. Ik kon niet naar het washok gaan. Al die tijd lag ik op mijn bed. Ik bad tot God om mij te helpen. Vorig jaar kwamen jullie met het Zalvingswater van T.B. Joshua, en broeder Gary sproeide dit op mijn wond. Een paar dagen later was deze volledig genezen.

Alle dingen in mijn leven die doe ik nu normaal. Ik ontving mijn genezing door middel van dit Zalvingswater, door middel van de kracht van onze Heere Jezus Christus."

Enkele avonturen

Tijdens onze reis door de voormalige Sovjet Unie naar Khabarovsk nabij de grens van China, stonden we op het punt om een ongewone aanval mee te maken. T.B. Joshua herinnert de kerk er vaak aan dat, als gelovigen, er geen verloftijd is. We hebben Jezus altijd nodig in elk gebied van ons leven.

"Wees nuchter en waakzaam; want uw tegenpartij, de duivel, gaat rond als een brullende leeuw, op zoek naar wie hij zou kunnen verslinden." (1 Petrus 5:8)

De avond ervoor hadden we voor velen gebeden met het Zalvingswater en een aantal dramatische gevallen van bevrijding gezien. We keerden terug naar de accommodatie van de pastor om te rusten voor onze lang reis. Russische christelijke gastvrijheid is beroemd, en toen hij ons naar

God kan elk medium gebruiken

het vliegveld bracht was de pastor genegen om ervoor te zorgen dat we goed zouden eten. Een grote boze beer in een kooi was de sterattractie van het lokale restaurant. We zouden echter spoedig ontdekken dat die kooi helemaal niet zo veilig was. Onze gastheer wilde dat we poseerden voor een foto en met tegenzin stemden we toe. Fiona legt uit wat er daarna gebeurde:

De boze Russische beer

Plotseling zie ik Gary wankelen, en instinctief trek ik hem weg (net op tijd). De kooi is niet in goede staat, en de beer heeft zijn tanden diep in Gary's arm gezet door zijn jas heen (een boze aanval erop gericht om zijn arm af te snijden, zoals een Zuid-Afrikaanse jager en vriend later uitlegde). Dit was Gary's arm, die werd gebruikt voor het Evangelie in al het vertaalwerk en voor post productie editing van liefdadigheid opnames en niet te vergeten het toedienen van het Zalvingswater. De wond was diep, bloed vloeide, en ik nam het Zalvingswater en sproeide het snel op de arm. Na medisch onderzoek bleek dat de wond te diep was om gehecht te kunnen worden en dus moest die regelmatig verzorgd worden. Het litteken op Gary's arm is nog steeds zichtbaar. Het was inderdaad een boze aanval!

Er zouden enkele opmerkelijke reacties blijken te zijn op het Zalvingswater van hen die ons hadden uitgenodigd om te komen bidden. Aan het eind van een lange luchtreis, die aanvoelde alsof het naar het andere einde van de wereld was, kwamen we aan op het eiland Sakhalin. Een voormalige strafkolonie tussen het Aziatisch-Russisch vasteland en Japan. Terwijl we ons voorbereiden op de samenkomst, realiseerden we ons dat er een ietwat geanimeerde discussie gaande was in de andere kamer tussen de pastor en de andere leiders. "Hoe zit het met dit water? Gebruikt God het echt? Is het theologisch verantwoord?" Het was nog maar de vraag of we toestemming zouden krijgen om met het water te mogen bidden, maar godzijdank waren we in staat om uit te leggen dat het allemaal om Jezus ging. Het water was slechts een symbool om het geloof van de mensen te helpen en ze gaven ons het voordeel van de twijfel.

Een Russische gospel zanger uit de VS was uitgenodigd om deze gastdienst te leiden. Hem was niet over ons verteld noch wij over hem. De pastor had een dubbele boeking gemaakt. We waren in staat om de grappige kant hiervan in te zien, en inderdaad had God de controle. De gospel zanger bleek zeer behulpzaam te zijn en werd grondig betrokken in de bediening, handelend als vertaler voor een aantal van de geweldige getuigenissen. De volgende dag gingen we allemaal door de sneeuw naar het strand samen met de pastor die stand had gehouden ten aanzien van de toediening van het Zalvingswater. We maakten opnamen van hen terwijl ze warme kerstgroeten zonden aan de kijkers van Emmanuel TV.

Tijdens een kleine samenkomst in Oekraïne was onze vertaler een imposant heerschap met een vloeiende zwarte baard. Hij groette ons hartelijk, maar toen de dienst op het punt was aangekomen waar we de verklarende video's lieten zien over het Zalvingswater, die we overal lieten zien waar we naartoe gingen, reageerde hij op een vreemde manier. Hij zat vooraan toen de beelden van T.B. Joshua werden getoond die het bidden voor genezing demonstreerde met het water. Plotseling stond hij op dramatische wijze op, keek boos naar ons en liep naar buiten. We hebben hem nooit meer gezien. Wat was er gebeurd? Het was inderdaad een geestelijke reactie op het werk van God dat op het scherm te zien was. De organiserende pastor sprak geen Engels, maar een lid van het organiserende team van de samenkomst had enige kennis van de Engelse taal, en hij nam het over alsof er niets was gebeurd.

De samenkomst ging verder en eindigde met Raisa, een oudere babushka (grootmoeder) die naar de dienst was gekomen gebruikmakend van een wandelstok. Ze gooide haar stok weg en reed gelukkig weg op een fiets!

Tijdens een samenkomst in het VK was er een kalme dame met onberispelijke manieren. Dit wisten we omdat we een uur met haar hadden

God kan elk medium gebruiken

doorgebracht terwijl ze haar zorgen deelde over haar kind. Ze leek de meest aardige dame. Evan later in de gebedsrij, na het toedienen van het Zalvingswater en het noemen van de Naam boven alle namen Jezus Christus, kregen we te maken met een ander persoon. Schreeuwend reageerde ze met een lange tirade van vuile taal en perverse beschuldigingen: "Jij vuile hoerenloper, ik weet alles over jou!" Schreeuwend en roepend kwam de vrouw vastberaden naar voren. Wat gebeurde er? Het was tijd voor de gebedsrij en het medium dat door de Heilige Geest gebruikt werd om licht van duisternis te scheiden was het Zalvingswater. De dame werd wonderbaarlijk bevrijd van de demon die haar en haar familie had gefolterd.

Andere getuigenissen van het Zalvingswater

Getuigenissen van Gods werk door middel van het Zalvingswater zouden een vast onderdeel van de live SCOAN diensten op Emmanuel TV worden. Een jongeman uit de VS (een land dat lijd aan een enorm aantal doden door opiaten en alcohol) beschreef zijn verhaal met een dramatische herbeleving die werd uitgezonden op Emmanuel TV.

Chris, een jonge man die te maken had met de wisselvalligheden van het leven. Zonder baan, gebukt gaand onder ongelukkige herinneringen uit zijn kindertijd, armoede en mislukte relaties, begon zwaar te drinken en grote hoeveelheden pillen te slikken. Hij belandde uiteindelijk bij de Eerst Hulp en had het geluk om nog in leven te zijn. En toen een nieuwe start. Hij werd geïntroduceerd aan Emmanuel TV en begon naar het Bijbelonderwijs te kijken. Hij begon mee te doen met het massagebed tijdens de live diensten.

Op een afstand meedoen met het massagebed

Wat gebeurde er daarna? Chris legt het uit:

> Ik ontmoette een evangelist van de SCOAN. Ze gaf me een fles van

het Nieuwe Ochtendwater afkomstig van profeet T.B. Joshua. Toen ik thuiskwam begon ik het iedere dag op mezelf toe te dienen, terwijl ik God geloofde voor genezing en bevrijding. En ik kreeg die genezing. Enkele maanden later was ik in staat om al de pillen weg te gooien. Het is nu bijna zes jaar geleden dat ik medicatie heb genomen. Nu voel ik me vrij en goed. Ik was gewoonlijk depressief en suïcidaal. Nu werk ik met allerlei kinderen die opgroeien in tegenspoed net zoals bij mij het geval was. We voeden de daklozen, helpen de ouderen, en doen allerlei geweldige dingen. Ik ben zo dankbaar dat God profeet T.B. Joshua gebruikte om het Ochtendwater in mijn leven te brengen en mij te genezen en bevrijden. Als God het voor mij kan doen dan kan Hij het ook voor jou doen.[40]

In januari 2021 werd het Nieuwe Zalvingswater vrijgegeven om de wereld te doorkruisen. Emmanuel TV partners wereldwijd zouden dit Nieuwe Zalvingswater als een kosteloos geschenk ontvangen en het vaak door middel van video calls op telefoons toedienen aan de zieken in andere landen en zo het voorbeeld van geloof volgen. Spoedig zouden de getuigenissen binnenstromen en zou het geloof van een steeds toenemend aantal mensen versterkt worden – en niet te vergeten de vele levens die werden genezen, bevrijd en gezegend.

Bemoedigd door T.B. Joshua met het Nieuwe Zalvingswater in zijn hand op de Gebedsberg, en verrukt kijkend naar de video getuigenissen die binnenstromen uit verschillende landen, zetten een aantal Emmanuel TV partners hun geloof aan het werk. Ze sproeiden het water op het scherm van de telefoon tijdens een gesprek met een vrouw in een ander Russisch sprekend land die snel gewicht en energie verloor. Iedere keer als ze normaal eten at ervaarde ze ernstige allergische reacties.

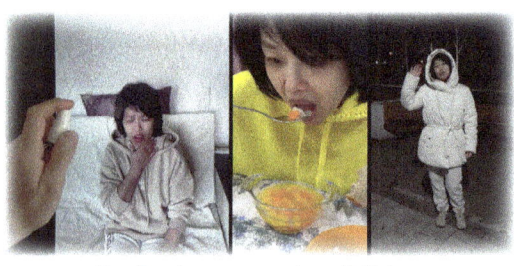

Getuigenis van genezing uit Crimea

De gebedsessie werd opgenomen, zodat iedereen de reactie kon zien. Terwijl ze manifesteerde en op de grond viel was er de onweerstaanbaar aandrang om iets uit te braken.

---

40 Uitgezonden op Emmanuel TV in 2020. Bevestigd door persoonlijke communicatie

God kan elk medium gebruiken

Nadat ze op was gestaan en haar mond had afgeveegd wist Tatiana uit Crimea dat er iets was gebeurd. Hierdoor aangemoedigd bereidde ze voor het eerst sinds vele weken een typische maaltijd van groenten en vis en, prijs de Heere, ze ervoer geen negatieve reacties. Ze bleef normaal eten en genoot weer van het lopen.

Vrucht van de schoot samenkomsten

Tijdens een van onze verlengde periodes dat we in de SCOAN verbleven, waren er twee grote vrucht van de schoot samenkomsten. Op 5 december 2008 was het auditorium gevuld met potentieel verwachtende koppels en zij die al zwanger waren en voor gebed voor een veilige bevalling waren gekomen.

Onder de internationale bezoekers was er een hoopvol koppel. Dhr. Pieter en zijn vrouw uit Zuid-Afrika hadden een gedocumenteerde geschiedenis van lange termijn onvruchtbaarheid. Ze hadden gebed ontvangen, maar alvorens verder te gaan liep T.B. Joshua richting de decoratieve schaal aan de voorkant van het altaargebied. Hierop lag vers fruit dat daar werd neergelegd voorafgaand aan iedere dienst. Hij nam wat van het gezalfde fruit en gaf het aan het koppel om hun geloof aan te moedigen.

Getuigenis volgend op de 2008 vrucht van de schoot dienst in de SCOAN

Na terug te zijn gereisd naar hun thuisland verwekten ze op natuurlijke wijze en waren verheugd om hun zwangerschap aan te kondigen. Alles verliep goed en ze verwelkomden hun prachtige baby nog voordat 2009 was geëindigd. In 2010 brachten ze een bezoek om hun baby aan iedereen te laten zien en werden vergezeld door andere familieleden. Op zijn eerste bezoek aan de SCOAN was de kleine tevreden de zondagdienst aan het observeren, terwijl zijn ouders publiekelijk God eerden vanwege dit heerlijke antwoord op hun gebed.

De vrucht van de schoot bijeenkomst in 2009 begon met een tijd gewijd aan het luisteren naar getuigenissen uit het voorgaande jaar en het zien van de wonderbaby's in de armen van hun moeders. Het is ook vermeldenswaardig dat T.B. Joshua te zien was met een lange sjaal (een mantel). Hij gaf de sjaal door van de ene persoon naar de ander persoon Sommigen reageerden daar vreemd op en vielen zelfs op de grond. Velen kwamen in de daaropvolgende maanden na deze bijeenkomst terug met hun getuigenissen van beantwoord gebed. We zagen inderdaad dat God elk medium kon gebruiken.

Gezalfde objecten in de Bijbel

Volgend op ernstig gebed en een oprecht verlangen voor de zalving op zijn leven om meer mensen te bereiken, heeft T.B. Joshua meer dan 25 jaar gebruik gemaakt van verschillende gezalfde objecten.

He object is niet het belangrijkste, maar de zalving. Onze ervaring door de jaren heen met het gebruiken van deze gezalfde objecten heeft ons geleerd om te waarderen dat "Een krachtig gebed van een rechtvaardige veel tot stand brengt"(Jakobus 5:16). Dit is dus geen verwijzing naar een nieuwe theologie. De kracht van God die wij bijvoorbeeld ervaarden tijdens gebed met het Zalvingswater uit Nigeria aan de andere kant van de wereld, liet ons keer op keer zien dat dit niet anders was dan de zakdoeken die door apostel Paulus werden uitgezonden (Handelingen 19:11).

God kan elk medium gebruiken:

- In Handelingen 19:11-12 gebruikte God het medium van Paulus zijn zakdoeken en schorten om de zieken te genezen.
- In Exodus 12:16 gebruikte God het medium van Mozes zijn staf om de Rode Zee te splijten.
- In Handelingen 3:6 gebruikte God de stem van Zijn dienaren Petrus en Johannes om een kreupele man op te richten.
- In 2 Koningen 5:14 gebruikte God het medium van een vuile rivier

God kan elk medium gebruiken

om Naäman te genezen.

- In Handelingen 2:1-2 uitte God Zichzelf door middel van het medium geluid tijdens Pinksteren.
- In 1 Samuel 17:49 gebruikte God David zijn katapult om de reus Goliath te verslaan.
- In Johannes 9:6-7 gebruikte Jezus modder en speeksel om een blinde man te genezen.
- In Handelingen 5:15-16 gebruikte God het medium van Petrus zijn schaduw om de zieken te genezen.

Voorafgaand aan de introductie van het Zalvingswater had de bediening al zand, waterkranen, geurige olie, gezalfde zakdoeken, sleutelhangers met Bijbelteksten, stickers, preeknotities en het altaargebied in het heiligdom van de kerk gebruikt als contactpunten om mensen hun geloof te helpen.

Een daarvan, sleutelhangers met Bijbelteksten erop geschreven, voorzag Fiona van een krachtig getuigenis.

De sleutelhanger was in de kleine auto waarin ik reed toen ik door een enorme truck werd geraakt op 31 januari 2003, de dag voordat ik een kleine groep zou meenemen om de SCOAN te bezoeken. Ik herinner me alleen dat de auto door de lucht vloog, drie keer omdraaide en bijna zachtjes werd neergezet op de buitenste rijbaan op een drukke snelweg. Ik moest uit de auto worden gesneden door de eerstehulpdiensten, maar was niet gewond (op een paar blauwe plekken na) en niemand anders was gewond geraakt.

Er zou een regelmatige stroom van gelijkaardige getuigenissen zijn van Gods bescherming door het Zalvingswater bij auto ongelukken.

Een video uit de begindagen die regelmatig werd getoond aan bezoekers van de SCOAN, liet een situatie zien waar een van de wekelijkse preeknotities van de kerk als een gezalfd object diende. Een moeder met haar pasgeboren baby die ogenschijnlijk levenloos was arriveerde bij de SCOAN in een taxi. Toen de preeknotitie op het kleine lichaampje werd gelegd kon men de gloed van warm vlees zien verschijnen toen de baby tot leven kwam.

Daarna zijn er andere contactpunten geweest. Kraantjes om levend water te laten stromen op het kerkaltaar, geloofsarmbanden, en de gelovigenpas. Ook het scherm aanraken tijdens de live uitzending van het massagebed tijdens zondagdiensten en online video's, en ook het traditionele opleggen van handen door T.B. Joshua en andere dienaren van God die in training zijn bij de SCOAN. Meer recentelijk volgden interactieve gebedssessies op afstand vanuit de Emmanuel TV studio.

Waren al deze dingen controversieel? Natuurlijk, maar dat kwam vooral wanneer er teveel aandacht werd gegeven aan het gezalfde object. Zoals het boekje dat aan bezoekers werd gegeven samen met het Zalvingswater vermeldt:

> Het Zalvingswater is slechts een symbool en niet de kracht zelf. Het is niet het water dat geneest, bevrijd, zegent en red, maar God almachtig zelf, want de zalving is in Zijn Naam gedaan.
>
> Voordat het Zalvingswater wordt toegediend moet er geloof zijn in zowel de persoon die bid als in de persoon waarvoor gebeden word.

Evangelist Bill Subritzky uit Nieuw Zeeland was in de begindagen een van de buitenlandse bezoekers aan de SCOAN. Hij bracht een groep voorgangers daarnaartoe om de kracht van God te zien en om tot een besluit te komen vanuit een onafhankelijke geest. In die tijd was er een maandelijkse dienst genaamd de Bloed van Jezus dienst, waar Profeet T.B. Joshua zou bidden en daarna waterkranen en het water dat eruit stroomde zalfde. Vervolgens zouden de mensen komen om het aan te raken of het water te drinken terwijl ze geloofden in een wonder.

In reactie op diverse theologische kritieken die hij over dit fenomeen had ontvangen schreef hij:

> Het bewijs van hun geloof uit zich in hun onmiddellijke bevrijding van demonische machten. Dit geloof in de kracht van het bloed van Jezus is gelijkaardig aan dat wat werd uitgeoefend door hen waarop de schorten werden gelegd na het aanraken van het lichaam van Paulus. Vanwege de kracht van het bloed verlieten de demonen de mensen en waren zij genezen. Het is duidelijk in de Schrift te zien dat God in Zijn genade en ontferming levenloze objecten kan gebruiken zoals gebedsdoeken en water voor bevrijding en genezing. We zien hier bewijs van in het aanraken van de

God kan elk medium gebruiken

doodskist door Jezus waardoor de zoon van de weduwe uit de dood opstond. We zien het in de kracht op Zijn kleed en de kracht in het badwater van Bethesda. Er was kracht in de klei die Jezus op het oog van de blinde persoon legde en er was kracht in Zijn speeksel toen hij het op het oog van de blinde aanbracht. Er was kracht in het water van de Jordaan toen Naäman werd genezen. Op gelijke wijze was er kracht in de botten van de overleden Elisa toen de dode persoon ermee in aanraking kwam en weer tot leven kwam. Er was kracht in de mantel van Elia en er was kracht in het haar van Simson. Er was ook kracht in de staf van Mozes toen die in een slang veranderde. Er was kracht in de staf van Aäron toen hij het stof aanraakte en dit in luizen veranderde.[41]

We hebben inderdaad gezien dat het gebruik van gezalfde objecten, en vooral het Zalvingswater, het mogelijk heeft gemaakt om de zalving van God op het leven van T.B. Joshua voor veel meer mensen en plaatsen bereikbaar te maken dan dat anders mogelijk zou zijn geweest. Het heeft ook de mogelijkheid gegeven aan hen die het water toedienen voor genezing en bevrijding aan anderen, om ervaring op te doen in het werken met de Heilige Geest. Dit helpt hen om te groeien en om zelf meer zalving te ontvangen en vast te houden.

A.A. Allen zijn handtekeningstempel

Gedurende onze tijd van rondreizen en samenkomsten in Amerika hadden we het voorrecht om een grootvader in het geloof te ontmoeten. De bejaarde genezingsevangelist C.S Upthegrove wiens bediening een tijdspanne had van meer dan 55 jaar. Hij had nauw samengewerkt met veel van de beroemde genezingsevangelisten in Amerika in de jaren vijftig. Vooral met A.A. Allen en met zijn kerk in Miracle Valley. Door zijn dochter geïntroduceerd met de bediening, begon hij naar Emmanuel TV te kijken. Verbluft door wat hij zag accepteerde hij vervolgens een uitnodiging van T.B. Joshua om de lange reis naar Afrika te maken (een continent dat hij nog nooit had bezocht) om de SCOAN te bezoeken.

In de loop van dat bezoek waren er twee noemenswaardige gelegenheden voor deze levende legende om te onderwijzen vanuit zijn lange

---

41   *TB Joshua Miracles*, Dove Ministries Website

ervaring en wijsheid van Gods werk in zijn leven. C.S Upthegrove zou uitleggen dat A.A. Allen, een generaal van God uit het verleden, vele gebedsverzoeken ontving die hij allemaal persoonlijk wilde beantwoorden. Daarom had hij een persoonlijke handtekeningstempel gemaakt. In zijn verdere uitleg vertelde hij aan de aanwezigen in de kerk en aan de kijkers van Emmanuel TV:

> Toen het aan mij werd aangeboden zei ik: "De Geest van de Heere is nog steeds in die stempel." Ik heb je verteld dat God alles kan gebruiken – Hij kan stokken en stenen gebruiken, botten van doden, Hij gebruikt water. Hij gebruikt schaduwen en Hij gebruikte deze stempel in de handen van A.A. Allen. En toen die aan mij werd doorgegeven koesterde en bewaarde ik hem. Mijn kinderen zeiden: "laat het na aan ons papa." Ik zei: "Nee, dit behoort niet tot de erfenis van de kinderen. Dit is om door te geven aan een andere profeet van God."[42]

De jaren gingen voorbij en de stempel met de handtekening bleef in zijn bezit tot het moment waarop C.S. Upthegrove hem aan profeet T.B. Joshua doorgaf tijdens de live zondagdienst op 8 april 2012 op paaszondag.

Hij omschreef hoe A.A. Allen voor zijn dood aan hem had geprofeteerd:

C.S. Upthegrove overhandigt de handtekeningstempel van A.A. Allen aan T.B. Joshua

> Op een dag zat ik samen met A.A. Allen in de auto, en hij keek naar mij en hij zei: "Broeder Upthegrove ik zal niet meer in leven zijn als dit uitkomt, maar ik geloof jij wel." En hij begon deze plek te beschrijven. Hij begon te spreken over een man die onder de zalving en de kracht van de almachtige God zou wandelen. Verder omschreef hij al de wonderen die ik heb gezien sinds ik hier ben.[43]

Terwijl hij dynamisch preekte kon men inderdaad zien hoe zijn kracht zichtbaar toenam toen hij alle aanwezigen aanmoedigde om boven angst, twijfel, veroordeling en ongeloof te leven.

---

42 *God's General CS Upthegrove Visits Prophet TB Joshua SCOAN*. CS Upthegrove YouTube kanaal
43 Ibid.

God kan elk medium gebruiken

Later gaf hij een uitgebreid interview aan een team evangelisten. Hij zou een boeiend verslag geven van al zijn ervaringen in het werk van de Heere, en uitte nogmaals zijn vreugde om tijdens zijn leven T.B. Joshua te ontmoeten.

De Krachtbron

Deze kracht van God kan niet volgens eigen goeddunken worden gebruikt; het is onder de instructie van de Heiige Geest, de derde persoon van de Drie-eenheid. God gebruikt geschikte personen die beschikbaar zijn voor God op Zijn manier, niet onze manier.

Er is een mysterie in de manier waarop de Heilige Geest werkt. Echter er is bewijs van een diepere relatie met God. T.B. Joshua heeft, omgeven door natuur op de Gebedsberg, een groot deel van zijn leven doorgebracht in gebed om de zalving die hij van God heeft ontvangen te onderhouden. Hij zou vaak zeggen: "Ik geef mezelf aan gebed" (Psalm 109:4).

Het water en andere gezalfde objecten zouden bij het altaar op de Gebedsberg worden bewaard waar de gebedsstrijders ze onderdompelden en verzadigden in het bad van gebed.

Velen zouden naar de SCOAN komen op zoek naar kracht of zalving voor hun bedieningen. Ze zouden inderdaad een impartatie ontvangen, maar het vasthouden hiervan vereist meer toewijding, overgave en inzet. Zoals profeet T.B. Joshua in het jaar 2000 aan een groep bezoekende buitenlandse pastors uitlegde:

> Iedereen kan de Heilige Geest ontvangen, maar God kijkt naar je toekomst. Waar het op aankomst is het vasthouden ervan. Het is beter om de Heilige Geest niet te ontvangen dan om te ontvangen en Hem daarna te verliezen.
>
> Heb jij elk gebied van je leven voorbereid op de Heilige Geest?
>
> Ga om de zalving vast te houden een verbond aan met God om voor altijd nederig en gehoorzaam en trouw te zijn tot op de letter. Het is tussen jou en God. We moeten meer toegewijd zijn aan God, we moeten serieuzer zijn.[44]

---

44 *The Holy Spirit*, 'Divine Lecture 4' VHS-band, SCOAN, 2000

Hij legde ook uit dat we gegrondvest moeten zijn in het Woord van God, de Bijbel, alvorens de zalving van de Heilige Geest te ontvangen:

> Ik ontmoet een hoop mensen die het verlangen uiten om met de Geest vervuld te zijn. Ik juich dat verlangen toe, maar er is een probleem. Het voornaamste probleem is dat je eerst gegrondvest moet zijn in het Woord voordat je Geest vervuld kunt zijn, want anders zal er niets zijn voor de Geest om jou eraan te doen herinneren – je zal dan leeg zijn.[45]
>
> Als je in de Geest wilt leven, houd dan het Woord binnen, blijf in het Woord, word volledig verzadigd met de Schrift, en je zult overvloeien met de Geest.[46]

Er is kracht in de Naam van Jezus! Die Naam kan maken dat demonische machten zich omdraaien en wegvluchten, maar alleen wanneer op de juiste manier uitgevoerd.

> "De naam van Jezus Christus heeft inderdaad kracht, maar alleen onder hen die toegewijd zijn aan de heerlijkheid van God."

Gebed en te snel het opleggen van handen gebruiken kan een gevaarlijke missie worden, zoals duidelijke geïllustreerd in dit Bijbelgedeelte:

"En enkele van de rondtrekkende Joodse duivelbezweerders waagden het de Naam van de Heere Jezus uit te spreken over hen die boze geesten hadden. Zij zeiden: Wij bezweren u bij Jezus, Die door Paulus gepredikt wordt. Het waren zeven zonen van Sceva, een Joodse overpriester, die dit deden. Maar de boze geest antwoordde en zei: Jezus ken ik en van Paulus weet ik af, maar u, wie bent u? En de man in wie de boze geest zich bevond, sprong op hen af en toen hij hen overmeesterd had, bleek hij sterker dan zij, zodat zij naakt en gewond uit dat huis vluchtten. En dit werd bij allen bekend, zowel bij de Joden als bij de Grieken die in Efeze woonden. En vrees overviel hen allen, en de Naam van de Heere Jezus werd groot gemaakt." (Handelingen 19:13-17)

T.B. Joshua legt uit dat de zeven zonen van Sceva voorbeelden zijn voor ons, van hen die affiniteit of nabijheid tot Christus bekennen volgens het vlees, terwijl ze in het hart en levenswandel onveranderd blijven. Dingen kunnen tot een zeker punt goed gaan, maar dan zal op een dag

---

45 *Power from Above,* preeknotitie gebaseerd op de preek op zondag 3 apr 2016
46 *How to be filled with the Holy Spirit*, T.B. Joshua, zondagdienst op 9 sep 2018

de hevige oppositie komen – *"Jezus ken ik en van Paulus weet ik af, maar u, wie bent u?"* hetgeen betekent: "Door welke autoriteit? Welke autoriteit heb jij om ons bevelen te geven? Wie gaf jou zulke autoriteit? Welk recht heb jij om de autoriteit van Jezus te verklaren aangezien jij Zijn instructies ongehoorzaam bent?"

En zo leren we dat de Naam van Jezus alleen autoriteit op onze lippen heeft wanneer Hij ook werkelijk geplant is in onze harten.

Het begrijpen van deze realiteiten leidde ons ertoe om ons begrip van christelijke theologie te verschuiven van ons vorig modern charismatisch standpunt. We zagen bijvoorbeeld dat men de vruchten en de gaven van de Heilige Geest niet zou moeten scheiden. Zoals de populaire illustratie van de gaven van de Heilige Geest alszijnde geschenken die aan een kerstboom hangen, en de vruchten als fruit dat groeit aan een fruitboom. In plaats daarvan zijn de vruchten alles. Een bovennatuurlijke gave kan er aan de buitenkant hetzelfde uitzien, maar als deze gepaard gaat met de vruchten van het vlees dan is het uit satan. Maar als deze gepaard gaat met de vruchten van de Heilige Geest, dan is het uit de Heilige Geest.

Het voorbeeld van apostel Paulus

"Het boek Handelingen is niet alleen maar geschiedenis, het is het patroon van hoe Christus wil dat Zijn kerk vandaag is."

In het boek Handelingen worden we in enige detail het verhaal verteld van een controversiële apostel. Dit is niet de Heilige Paulus van beroemde Basilica's in Rome, of mooie religieuze schilderijen in musea in West-Europa, van feestdagen en zelfs van de welbekende verhandeling op de liefde in het boek van 1 Korinthe die op zoveel bruiloften word gelezen. Dit is de rauwe Paulus die uitlegde dat *"De tekenen van een apostel zijn onder u verricht, in al mijn volharding, in tekenen, wonderen en krachten."* (2 Korinthe 12:12). Hij had geen megakerk en velen spraken tegen zijn bediening. Aan het eind van zijn leven was deze discipel van Jezus, die zichzelf beschrijft als iemand 'buiten de tijd geboren', nog steeds een controversieel karakter, regelmatig in de steek gelaten door de gelovigen en in een kwaad daglicht gebracht. In 2 Timotheüs 1:15 zegt Paulus: *"Dit weet u dat allen die in Asia zijn, zich van mij afgekeerd hebben."*

Er werden valse beschuldigingen naar Paulus gesmeten, waaronder een specifieke aanklacht dat hij Grieken (heidenen) in de tempel had gebracht en deze zo had verontreinigd. De joodse gelovigen in Jeruzalem moedigden Paulus aan om een aantal traditionele aspecten van de joodse religie te vervullen, waarvan werd verwacht dat de geruchten tegen hem zouden afnemen door 'ceremonisch rein' te zijn in de tempel. Ondanks dat waren er nog steeds valse beschuldigingen dat hij de tempel had verontreinigd door een gelovige Griekse heiden mee naar binnen te nemen. Er wordt vele malen aan deze valse beschuldiging gerefereerd. In Handelingen 24 wordt Paulus door de autoriteiten voor een heerser genaamd Felix gesleept. Geconfronteerd met aantijgingen en mogelijk de doodstraf reageert hij kalmpjes referend aan Jezus Christus:

"Maar dit erken ik voor u: dat ik volgens die Weg die zij sekte noemen, op die manier de God van de vaderen dien" (vers 14)

Verzen 5 en 6 geven ons een voorbeeld van hoe valse beschuldigingen tegen hem gemaakt werden:

"Ons is namelijk gebleken dat deze man een pest is en iemand die oproer verwekt onder al de Joden in heel de wereld, en een vooraanstaand persoon is binnen de sekte van de Nazarenen. Hij heeft ook geprobeerd de tempel te ontheiligen. Wij hebben hem dan ook gevangengenomen om naar onze wet een oordeel over hem te vellen."

Apostel Paulus wist vanaf het begin van zijn openbaring van Jezus Christus dat hij voor Hem zou lijden. Gevangengezet in Rome was hij een veroordeel man, wachtend op het martelaarschap dat zeker zou komen. Het boek Handelingen vertelt ons dat Paulus de toenmalige Schriften gebruikte (wat christenen nu kennen als het Oude Testament) om de joden in Rome die hem bezochten te overtuigen tijdens het horen van zijn verdediging. Toen hij in Rome arriveerde onder huisarrest, waar hij de laatste jaren van zijn leven zou doorbrengen onder het doodvonnis, kwamen de joden om naar hem te luisteren zoals in Handelingen 28:22 staat:

"...wat deze sekte betreft, is het ons bekend dat ze overal tegengesproken wordt."

God kan elk medium gebruiken

De controversiële gelovige die zijn radicale ontmoeting met Jezus Christus had op de weg naar Damascus werd uiteindelijk, zoals we hebben begrepen, onthoofd onder de christelijke vervolging in Rome.

Dit was niet het einde van het verhaal. Apostel Paulus had de beroemde brieven geschreven die deel zijn geworden van de Canon van de Schrift. Veertien van de zevenentwintig boeken in het Nieuwe Testament zijn volgens de traditie toegekend aan Paulus. Vandaag de dag zijn deze epistels (brieven) nog steeds vitale wortels van theologie, aanbidding en pastoraal leven door de christelijke tradities heen.

Echter het was pas drie eeuwen na de dood van Paulus, bij de Synode van Hippo in 393 n.C. dat de zalving op apostel Paulus zijn onderwijs formeel werd erkend. Vervolgens werden deze epistels in de Canon van de Schrift opgenomen. Voor ons is het nu makkelijk om terug te kijken en het belang van Paulus zijn geschriften in te zien, maar toendertijd was dat niet zo voor de hand liggend.

Handelingen 19:11-12 vertelt ons dat:

"En God deed buitengewone krachten door de handen van Paulus, zo zelfs dat, als de zweetdoeken of de doeken die hij om zijn middel droeg, van zijn lichaam op de zieken gelegd werden, de ziekten van hen weken, en de boze geesten uit hen weggingen."

En dus zijn zowel de controverse en vervolging als de manier waarop God gezalfde objecten gebruikte die de apostel had aangeraakt een overeenkomst die we kunnen zien tussen zijn bediening en die van profeet T.B. Joshua.

Apostel Paulus had andere instructies van de Heilige Geest dan de apostelen in Jeruzalem. De Bijbel vertelt ons dat dit conflicten en misverstanden teweeg bracht. De boodschap van het Evangelie moest naar de heidenen gaan, maar in die tijd focusten vele volgers van De Weg zich alleen op joodse gelovigen.

Als we door de gangen van de tijd turen, dan zijn we dankbaar dat apostel Paulus ervoor koos om niet gedefinieerd te worden door zijn cultuur en opvoeding, maar gehoorzaam was aan de Heilige opdracht.

T.B. Joshua heeft gezegd:

> "Wat mensen niet begrijpen dat maken ze belachelijk; wat ze begrijpen dat maken ze kapot. Ik bid dat mensen je niet zullen begrijpen."

De Bijbel en de Heilige Geest

Het is essentieel om een geestelijk begrip van de Bijbel te hebben. Het is anders dan alle andere boeken. T.B. Joshua heeft uitgelegd dat iedereen die wat geld heeft naar een boekwinkel kan gaan en een Bijbel kan kopen, maar dat de heiligheid die zich in de Bijbel bevindt niet te koop is. En de Bijbel moet niet op dezelfde manier worden begrepen als een lesboek van scheikunde of geschiedenis. Het is noodzakelijk om het lezen van het Woord van God te benaderen met een nederig en oprecht hart.

Dit hoofdstuk eindigt met de volgende preek die de vitale relatie tussen de Bijbel en de Heilige Geest vollediger uitlegt.

LEES DE BIJBEL, LEES DE HEILIGE GEEST

T. B. Joshua, de SCOAN zondagdienst, 1 juli 2018

2 Peter 1:20–21 — *"Dit moet u allereerst weten, dat geen enkele profetie van de Schrift een eigenmachtige uitleg toelaat; want de profetie is destijds niet voortgebracht door de wil van een mens, maar heilige mensen van God, door de Heilig Geest gedreven, hebben gesproken."*

Als christenen is dit de standaard voor ons leven – de Heilige Bijbel, maar met de manier waarop we vandaag de dag de Bijbel benaderen, is het gemakkelijk om te zien dat we niet het verschil kennen tussen de Bijbel en andere boeken; we kennen niet het verschil tussen de Bijbel

God kan elk medium gebruiken

en geschiedenis, scheikunde, en literatuur. We geloven dat we het net als ieder ander boek moeten lezen.

Maar de Bijbel zelf is de letter, geïnspireerd door de Geest van God. Zoals de Heere Zijn Geest in bepaalde mensen heeft geademd, zo heeft Hij Zijn Geest in bepaalde boeken geademd. Het is daarom dat wanneer jij de Bijbel leest, je de Heilige Geest leest.

Heilige mannen werden meegedragen door de Geest van God terwijl ze de boodschap spraken die van God kwam. Als jij de Bijbel wilt lezen, dan moet je meegedragen worden door de Heilige Geest. Wanneer we bidden en lezen zonder enige aandacht of achting voor de Heilige Geest, dan plaatsen we Hem niet waar Hij rechtmatig thuishoort, wetende hoe belangrijk Hij voor ons is. Wanneer je zonder de aandacht van de Heilige Geest leest, dan heeft het geen betekenis voor jou omdat je geschiedenis leest, gebeurtenissen, wat er gebeurde in Jeruzalem, wat er gebeurde met Jeremia, wat er gebeurde met Jezus Christus.

De Heilige Geest is het gevoeligste wezen en wordt gemakkelijk gekwetst door gebrek aan aandacht en achting. God is Geest, en Zijn aanbidders moeten Hem aanbidden in geest en in waarheid. Voorafgaand aan het lezen van de Bijbel, moeten we de aandacht van de Heilige Geest zoeken, want de Bijbel is het gereedschap in de handen van de Heilige Geest.

God spreekt tot ons door middel van Zijn Woord, met Zijn Geest. Hij roept jou door middel van Zijn Woord met Zijn Geest. Hij fluistert tot jou door middel van Zijn Woord met Zijn Geest. Hij begroet jou door middel van Zijn Woord met Zijn Geest.

Romeinen 9:1 – *"Ik spreek de waarheid in Christus, ik lieg niet en mijn geweten getuigt mee door de Heilige Geest."*

Dit betekent dat de Heilige Geest een communicator is, en ons hart is het contactpunt. De Heilige Geest kan niet communiceren met een hart vol bitterheid, onvergevingsgezindheid, haat of slechte gevoelens naar anderen toe. Je kunt de Bijbel 100 keer lezen, maar zolang je wrok koestert tegen iemand heeft de Bijbel geen betekenis voor jou. We zijn erg goed in het lezen van de Bijbel, maar God beloont niet noodzakelijk goede mensen, pientere mensen, slimme mensen of rijke mensen. Hij beloont gehoorzame mensen, zij die Gods Woord de standaard voor hun levens maken.

Kun je zien waar jouw uitdagingen en problemen vandaan komen, waarom je de Heilige Geest niet kan uitnodigen in jouw hart?, hoe zal je bij God kunnen komen, toegang hebben tot God of praten met God, zonder de Bijbel? Zonder de Bijbel is er geen christendom, geen kind van God, geen gelovige, geen opnieuw geborene. De Bijbel is onze standaard.

Stel jezelf deze vraag: "Waarom komt vandaag de dag bij sommigen van ons de Bijbel niet tot leven?" De Bijbel kan niet langer tot leven komen vanwege het niet willen vergeven – bitterheid, nijd, jaloezie en slechte gevoelens naar anderen toe. Tot leven komen betekent te begrijpen en te weten wat het is om te lezen voor redding, genezing, bevrijding en alle zegeningen van God.

Hoe kan de Bijbel werkelijkheid voor ons worden? Lees de Bijbel zo vaak mogelijk; blijf erop mediteren totdat het een realiteit voor je wordt; lees langzaam, herhalend en aandachtig; het is niet zoals ieder ander boek. Wanneer je de Bijbel leest zet dan je kennis opzij; je geest moet handelen op het Woord om deel te zijn van het Woord – want Gods Woord verfrist je denkwijze en Gods Geest vernieuwt je kracht. Zelfs als je redenatie het zou afwijzen, laat je hart ernaar smachten. Jezus heeft jouw hart nodig; dat is de plaats van contact.

Aan alle harten die vastgebonden zijn (vastgebonden in onvergevingsgezindheid, vastgebonden in nijd, vastgebonden in jaloezie), bevrijd je geest om Hem te volgen.

Doe zoals Christus instrueert in Mattheüs 5:23-24

"Als u dan uw gave op het altaar offert en u zich daar herinnert dat uw broeder iets tegen u heeft, laat uw gave daar bij het altaar achter en ga heen, verzoen u eerst met uw broeder en kom dan terug en offer uw gave."

Zonder de vrijheid, het vrij zijn van je hart, roep je een God die je niet kent, en heeft jouw Bijbellezing geen betekenis.

De profeet op de berg

"*Weet u het niet? Hebt u het niet gehoord? De eeuwige God, de HEERE, de Schepper van de einden der aarde, wordt niet moe en niet afgemat. Er is geen doorgronding van Zijn inzicht. Hij geeft de vermoeide kracht en Hij vermeerdert de sterkte van wie geen krachten heeft. Jongeren zullen moe en afgemat worden, jonge mannen zullen zeker struikelen; maar wie de HEERE verwachten, zullen hun kracht vernieuwen, zij zullen hun vleugels uitslaan als arenden, zij zullen snel lopen en niet afgemat worden, zij zullen lopen en niet moe worden.*" (Jesaja 40:28–31)

Profeet T.B. Joshua op de gebedsberg in Ondo State

Waar komt de kracht vandaan om de race tot het einde toe te volbrengen? Van het wachten op de Heere. Het leven is een marathon, niet een sprint.

Volgend op een tijd van gebed op de Gebedsberg in Ondo State vlakbij zijn geboorteplaats, sprak T.B. Joshua op 30 december 2020 tot de Emmanuel TV kijkers vanaf de berg. Hij sprak over het belang van het hebben van gewoontes en om dichtbij de natuur te blijven:

> Elke rechtschapen mens heeft simpelweg geweldige gewoontes. Een gewoonte is een geschenk van God. Meteen vanaf het begin van mijn bediening ben ik dichtbij de natuur gebleven. Natuur bevordert het geestelijk leven.
>
> Daniël bad driemaal daags op zijn knieën (Daniël 6:10)
>
> De psalmist bad zevenmaal per dag (Psalm 119:164)
>
> De discipelen van Jezus Christus baden op de eerste dag van iedere week (Handelingen 20:7)
>
> Dit waren hun gewoontes.

DE GEBEDSBERG

"Je zal je eigen Gebedsberg bezitten." Die instructie kwam uit de ontmoeting van profeet T.B. Joshua met Jezus tijdens een 40-daags vasten in 1987 op de fysieke berg waar hij gewoonlijk bad, dichtbij zijn geboorteplaats in Ondo State.

De jungle is een rauwe wildernis met uitwerpselen van dieren, spinnenwebben, de streling van vochtige hitte, gigantische bladeren en groene vegetatie. Verder zijn er insecten, vogels, apen en toekans, tropische regen, donderstormen, bamboehutten en simpele boten. Op zo'n maagdelijke stuk land aan de rand van de megastad Lagos zou de eerste gebedshut en nederige verblijfplaats zijn waar de man van God, gekleed in een simpel wit gewaad, urenlang van zijn dag en nacht in gebed zou doorbrengen voor de Heere God, die hem zo'n diepgaande bestemming had gegeven. Heiligen en kluizenaars van weleer zochten de eenzame plaatsen op en van daaruit zouden ze dienen.

Vanuit deze plaats dichtbij de natuur en toch ook dichtbij het volk, begon de kerk in 1989. Tegen 1994 verhuisde de kerk iets minder dan

De profeet op de berg

vier kilometer verderop naar de huidige locatie. T.B. Joshua zou vaak meerdere malen per dag heen en weer reizen naar de oude locatie die nu bekend is als de Gebedsberg. Het was inderdaad een treffende naam, want dit was inderdaad een geestelijke berg.

Hij zou terugkeren naar de eenvoud en eenzaamheid van de Gebedsberg om in de natuur bij God te zijn. Hetzij vanuit een dienst in het grote auditorium van de kerk met duizenden bezoekers vanuit wel 50 verschillende natiën of vanuit een van de stadionevenementen in andere landen.

Een man van gebed; dit was inderdaad hoe het nieuws van T.B. Joshua en de Bijbelse wonderen de oceanen overstak. "Er is een christelijke broeder in Lagos, Nigeria; hij leeft eenvoudig op moerasland in de wildernis. De Heilige Geest instrueert hem voor wie te bidden, en hij ziet hen in visioenen. Ze noemen hem een profeet omdat hij accurate woorden van God uitspreekt."

Internationale bezoekers aan de SCOAN zouden zich verzamelen om in de bus te stappen. Bij hun aankomst hadden ze gevraagd: "Kunnen we naar de Gebedsberg gaan?" De antwoorden waren raadselachtig: "Zoals de Heilige Geest het leidt." Maar nu gingen we er naartoe, de drukke straten indraaiend waar overal gekocht en verkocht werd. Lopend op het houten looppad over de brug, kwamen we aan bij de jungle, een meer (water teruggewonnen uit het moeras), en het eerste 'ontfermingsland' met zand op de grond. We namen een kleine boot richting het binnenste deel, zagen de uitgebreidheid van de externe visie en zagen een glimp van de immensiteit van de geestelijke visie.

Fiona geniet van een bezoek aan de gebedsberg in 2004

Genietend van de mogelijkheid om naar de Gebedsberg te gaan zouden de bezoekers een plekje vinden op het zand en om Gods ontferming en gunst vragen. Het was geen tijd van luide woorden en geschreeuw, maar voor het Woord van God om harten en gedachten te doorboren.

In deze plaats de Bijbel lezen met een open hart maakte dat de verzen uit de bladzijden zouden opspringen als vuur en als geestelijk voedsel werden, dat eenmaal geproefd en gekoesterd, ons hielp om terug te keren in de wereld van werk en uitdagingen.

Rondlopend terwijl de bomen van de gebedstuin begonnen te groeien, zouden alle gedachten van niet vergeven wegvluchten. Dit was een machtige geestelijke kathedraal waar het gebed des Heeren tot leven kwam:

"Geef ons heden ons dagelijks brood. En vergeef ons onze schulden, zoals ook wij onze schuldenaren vergeven. En leid ons niet in verzoeking, maar verlos ons van de boze." (Mattheüs 6:11–13)

Waken in gebed

Vanaf de begindagen zouden de kerkleden samenkomen op de oude locatie om te waken in gebed (nachtwake). Uit deze eerste kerkleden zouden de eerste gebedstrijders voortkomen, zij die een apart gezet leven zouden leiden. Zij zouden hun tijd geven. Niet om lawaai te maken en woorden op te zeggen, maar om Hij die was en is en komen zal, de Heere God van het universum, te vragen om bescherming en vervulling van de bestemming van deze nederige man uit Arigidi, Ondo State.

We hebben inderdaad geobserveerd dat zelfs zij die de faciliteiten van de Gebedsberg schoonmaken toegewijd zijn aan gebed. Dit volgens het voorbeeld van T.B. Joshua's moeder die bad: "Reinig mijn leven terwijl ik Uw huis reinig." De Gebedsberg is geen gewone plaats.

Terwijl de kerkleden zouden worden uitgenodigd en verwelkomd om te bidden, was hoe te bidden altijd de vraag. Wat voor soort gebed is niet enkel woorden opzeggen? Dit was niet het soort gebed dat een boodschappenlijstje afgaat die God zou moeten vervullen, of dat zijn richting krijgt van de onmiddellijke situatie en de ogenschijnlijke noden. Maar veeleer gebed om onze harten in lijn met Gods Woord te brengen:

Neem mij zoals ik ben O Heere U kunt mij nog steeds reinigen
Want niemand is te goed of te slecht om zich voor redding te kwalificeren

DE PROFEET OP DE BERG

Al wat ik nodig heb is Uw ontferming en gunst
Vuil als ik ben O Heere U kunt mij nog steeds reinigen
Troost mij niet totdat U mij reinigt
Laat Uw ontferming en Uw gunst voor mij spreken
Schep een rein hart in mij en vernieuw binnenin mij een trouwe geest

O Heilige Geest, Adem in mij, zodat mijn gedachten heilig zullen zijn
O Heilige Geest, Handel in mij, zodat mijn werken heilig zullen zijn
O Heilige Geest, Versterk mij, om alles wat heilig is te verdedigen
O Heilige Geest, Leid mij, zodat ik altijd heilig zal zijn

[lied]
Gebed is de sleutel, gebed is de sleutel
Gebed is de hoofdsleutel
Jezus startte met gebed en eindigde met gebed
Gebed is de hoofdsleutel

T.B. Joshua zou deelnemen aan de nachtwaken en onder de leden wandelen en vaak persoonlijke profetieën geven, maar ook van nationale of internationale omvang. We herinneren ons dat we aanwezig waren bij zo'n nachtwake toen hij zei: "Onze nieuwe president, hij zal deze Bayelsa hoed dragen" en hij wees naar een man die zo'n soort hoed ophad. Maanden later toen president Goodluck Jonathan was gekozen, droeg hij altijd zijn beroemde hoed, hetgeen de profetie bevestigde.

Toen de enorme internationale Evangelie evenementen (crusades) zich ontwikkelden, was het lokaliseren van een Gebedsberg in verschillende landen een integraal onderdeel van de voorbereiding. Bijvoorbeeld in Colombia was de accommodatie voor T.B. Joshua gelegen bovenop een fysieke berg met een nauwe toegangsweg. En daar, met de natuur aan de voorkant voor hem uitgespreid en met een simpele landelijke cabine om in te slapen, zou de man van God bidden. De lokale organisator refereerde hier specifiek naar tijdens zijn openingsrede op de pastors conferentie hoe dit hem significant had beïnvloed. Nooit eerder had hij een internationale gastprediker ontmoet die na zijn aankomst niet naar een hotel wilde om te rusten, maar naar een berg om te bidden.

Oproepen vanaf de berg

Toen we rondreisden om voor mensen te bidden met het Zalvingswater, waren de telefoontjes die we van onze mentor ontvingen heilig en kwamen meestal vanaf de Gebedsberg. Dit waren heilige interacties geen zakelijke. Zoals iedereen die het voorrecht heeft gehad om een telefoontje van hem te krijgen zal weten, zijn dit geen gewone gesprekken. Hij openbaarde tijdens een preek dat hij luistert naar instructies van hierboven terwijl hij tegelijkertijd zegt: "Hallo. Hoe gaat het met jou?" De man van God balanceert zijn leven door het leven van Christus in te nemen en het vervolgens uit te delen.

Een zo'n levensveranderend telefoontje kwam rond drie uur 's nachts. Die nacht na de eerste diensten met het Zalvingswater in Kazan, Rusland, sliepen we in stapelbedden in een flat met één slaapkamer bij een familie van vier personen. In het midden van de Russische nacht rinkelde de telefoon: "Is dit dr. Gary? Blijf aan de lijn voor de man van God." De glimlach in de stem van onze mentor reikte over de vele kilometers vanuit Afrika naar Rusland in de kamer, en zette de toon voor de rest van onze reizen. Hij refereerde aan de getuigenissen die we hadden ingezonden.

"Ik heb gezien wat er gebeurt, het is geweldig. Jullie zouden van land naar land moeten gaan en regelmatig terugkeren om meer Zalvingswater op te halen."

Daar in het kleine kamertje, naast de stapelbedden om drie uur 's nachts Russische tijd, knielden we neer op het versleten tapijt om God te danken, en de aanwezigheid van de Heilige Geest vulde de kamer. Het was alsof we op de Gebedsberg waren luisterend naar Bijbels onderwijs of in het kantoor in de kerk met T.B. Joshua.

Enkele maanden later arriveerden we in Rostov-on-Don en kwamen erachter dat de pastor meer dan 500 mensen had verzameld, waaronder ook andere pastors, voor een vierdaagse genezingsconferentie. Lichtelijk overrompeld keken we elkaar aan.

Die nacht kregen we het voor elkaar om telefonisch contact op te nemen met onze mentor en zeiden simpelweg: "Meneer, er zijn hier een hoop

De profeet op de berg

mensen en ze zijn op zoek naar genezing." Er was meteen antwoord: "Jezus is met jullie, het zal zijn alsof Jezus daar aan het bidden was."

En inderdaad zou het zo zijn. Er waren getuigenissen van mensen die wandelstokken lieten vallen, voor het eerst in jaren hun knieën bogen zonder pijn van de artritis, en vele anderen.

Er is iets met een woord dat vanuit het hart wordt gesproken en word beïnvloedt door de Geest van God. De woorden brengen niet slechts informatie over, maar kunnen geloof en leven imparteren. In een van zijn preken legt T.B. Joshua uit dat er twee talen zijn die we kunnen gebruiken:

> Er is *Bijbeltaal*; dat is de taal van het hart die God gebruikt om ons te redden, te scheppen, te oordelen en over ons te regeren. Er is ook de *taal van vandaag*, die we gebruiken om te roddelen, bevelen te geven en politiek te bedrijven.
>
> Wanneer we de taal van vandaag gebruiken menen we niet wat we zeggen. Maar wanneer we de Bijbeltaal gebruiken, dan menen we het.
>
> Mensen gebruiken vaak de taal van vandaag om te bidden, en dat is de reden dat wat ze in gebed zeggen niet blijvend blijkt te zijn. Hun gebed bestaat enkel uit woorden.
>
> Maar wanneer het Woord in je hart is, zal het je behoeden om naar zonde te verlangen. We hebben het Woord van God in ons hart nodig om Jezus op het toneel te laten verschijnen.[47]

Onderwijs in de gebedshut

Op een zekere dag in 2004 waren we op de Gebedsberg. We zaten met onze Bijbels in een kleine ronde gebedshut met een bamboe dak en de deur geopend. Tot onze verrassing kwam T.B. Joshua bij ons in de hut. Zittend op de vloer met zijn rug tegen de muur begon hij te praten over het voorbeeld van Daniël in het Oude Testament. Dit was geen praatje of een zakelijke discussie, maar een tijd van persoonlijk onderwijs. We zouden vaak terug refereren naar onze geschreven notities,

---

47 *Faith is of Man's Heart*, T.B. Joshua, zondagdienst op 16 sep 2018

Een gebedshut op de Gebedsberg in 2004

gemaakt toen hij vele malen tot ons sprak. Ze bleken profetisch te zijn. Inderdaad, zoals hij later zou onderwijzen in een preek op zondag, dat profetie niet alleen gaat over het voorspellen van de toekomst, maar ook over prediken en het onderwijzen van Gods Woord met kracht (de kracht om de toehoorders te veranderen).

"Dit is een gevaarlijke tijd, een zware tijd, zoals de tijd van Daniël en van Shadrach, Meshach en Abednego. Het gaat naar het einde van de wereld, wanneer alles wat de Bijbel zegt uitkomt. Maar een tijd van crisis is een tijd van blijdschap in de Geest.

Toen het besluit werd gepubliceerd, gingen Daniëls tegenstanders naar zijn reactie kijken, hij was nog steeds openlijk aan het bidden en God aan het danken. Daniël klaagde niet voordat hij de leeuwenkuil inging; hij mokte niet, viel niet in zelfbeklag of gehuil. Hij had elk recht om in zelfmedelijden te vallen sinds hij een gevangene was, en zijn vader en moeder daar niet waren. Maar hij wist dat voordat goud werkelijk goud word, het door het fornuis moet gaan.

Zo ook met Paulus en Silas: Ze werden zwaar mishandeld en hadden niets verkeerd gedaan, je zou zelfmedelijden kunnen verwachten. Ze bleven tot God bidden en kwamen er sterker uit.

Voor christenen geldt dat God altijd een stap verder is. Nadat beproevingen hun geloof had bewezen werden zij staatsmannen. Daniël dineerde met koningen. Zijn relatie met God ging naar een nieuw niveau.

Iedereen heeft zijn eigen zware tijd. Bijvoorbeeld, voor dhr. A. kan het armoede zijn, voor dhr. B ziekte, voor dhr. C depressie en voor dhr. D vervolging – verschillende soorten crisis. Als het de wil van God is dat dhr. A armoede ervaart, dan zal hij daar

DE PROFEET OP DE BERG

sterker uitkomen.

Hoe weten we of het de wil van God is? Wanneer we God volgen in waarheid en geloof, als er dan iets gebeurt, is het de wil van God. Maar als we in zonde zijn, dan is het niet de wil van God.

Als je bang bent of je twijfelt in de beproeving, zal jouw god de god van angst of de god van twijfel worden. Daniël wist dat God hem zou redden; daarom mopperde hij niet. Wat we nodig hebben dat God is in een beproeving dat zal Hij voor ons zijn. Dit is wat God wil dat we weten in deze tijd.

In een oorlog zijn er vele veldslagen. Als je een veldslag hebt gewonnen betekent dat niet dat je de algehele overwinning hebt behaald. In de beproeving is Zijn Naam: Ik ben die Ik ben, en de Standvastige en Betrouwbare. God gaat nooit een crisis uit de weg, maar ziet het als een uitdaging. De koning zag de vierde man in het fornuis als de Zoon van God.

God is de God van vuur (Elia op de berg Carmel, de tongen van vuur op Pinksteren, de brandende struik, de berg Sinaï). Zijn Woord wordt vergeleken met vuur. De beste manier om vuur te bestrijden (uitdaging) is met vuur (Gods Woord, Gods aanwezigheid).

We hebben een stille tijd nodig, een tijd alleen. Niet in het huis waar we de strijd uitvechten, maar vind een plaats in de natuur. Mediteer en zie de wereld anders, een plaats om te ontvangen.

De moeilijkheden waarmee we te maken krijgen zijn er om ons op een ander niveau te brengen. Laat God toe om Zijn werk te doen, probeer Hem niet te helpen door een alternatief te hebben. Als Daniël een alternatief had gehad dan zouden ze niet geweten hebben wie de ware God was.

Er zijn vele goden – ontrouw, onvriendelijkheid, twijfel, angst. Deze zijn kwade engelen die tegen God werken. Zij weten dat je op de Gebedsberg bent, en ze zijn aan het werk. Ze zijn op pad zoekend naar mensen voor hun koninkrijk. En dus moeten we waken en bidden. Ze zien dat mensen trouw willen zijn en zoeken naar een kier van ontrouw om door naar binnen te gaan. Ze komen binnen door twijfel, ontrouw, enz.

Jezus zei: "laat deze drinkbeker voorbij gaan", maar toen corrigeerde de engel Hem, en Hij zag in dat het Gods wil moest zijn, niet de Zijne, de engelen zijn er klaar voor om ook ons te helpen.

Niemand staat boven het maken van vergissingen; heb onmiddellijk berouw, dan is er geen registratie van het verkeerde. Er is voor niemand een registratie die onmiddellijk zijn vergissingen realiseert. Door bewustwording door middel van het Woord van God kun je een vergissing onmiddellijk herkennen. Vandaar dat je leven afhangt van het kennen van de Bijbel. Het is een gids voor alles wat je nodig hebt. Maak Gods Woord de standaard van jouw leven.

De enige manier om effectief te zijn voor God is om gefocust te blijven. Je moet je koers alleen bepalen. Gods plan voor een ieder van ons is tussen God en die persoon. Gerechtigheid is een geschenk van God. Iedereen heeft het; je moet je er enkel bewust van zijn (zoals een pen in je broekzak). Alles wat God wil dat je bent is binnenin jou. Er gebruik van maken is door geloof. Er is niets als falen en twijfel in Zijn gedachten, en we zijn gemaakt om zoals Hem te zijn.

Wanneer je te maken krijgt met crisissen (die deel van het leven zijn), kijk dan diep genoeg om de oorzaak te zien. Toen het besluit was gepubliceerd ging Daniël naar zijn bovenkamer om te bidden. Hij zou gebeden hebben dat dit besluit veranderd zou worden. Als dit gebed zou zijn beantwoord dan zou hij niet in de leeuwenkuil zijn gegaan. Vergelijk de heerlijkheid voor God tussen de leeuwenkuil en als dit gebed beantwoord was geweest!

Als het Gods plan is om jou brengen daar waar je nog nooit bent geweest, en je bidt om te gaan waar je al bent geweest – je kunt Gods plan niet veranderen. Daniël kon niet bidden over de leeuwenkuil, omdat hij er nooit eerder was geweest. Toen

De profeet op de berg

Daniël veroordeeld werd stond hij ferm en veranderde niet zijn geloof of vertrouwen, ook al was zijn gebed niet beantwoord. Het is beter om niet specifiek te zijn in gebed.

Wanneer je leest over de generaals van God, zij baden dat Gods wil zou worden gedaan, en ze prezen God. Paulus en Silas prezen God, ze vroegen niet aan God om de kettingen te verwijderen. Wanneer we vandaag de dag teveel specifieke dingen aan God vragen, dan raken we teleurgesteld. Sta toe dat de Heilige Geest de verzoeken maakt; Hij is de voorbidder. Jezus bad dat de wil van God zou worden gedaan in plaats van te bidden dat de drinkbeker voorbij zou gaan.

Ervaring is de beste leerschool. Iedere dienaar heeft zijn eigen gewoonte in het naderen tot God."

Een heilige plaats

De Gebedsberg is een fysieke plaats, maar het concept reikt verder; het gaat om een heilig hart, een zuiver hart. Het is daarom meer dan een fysieke plaats; het is een heilige plaats.

Een andere heilige plaats in de SCOAN is het altaargebied in het kerkauditorium. In de begindagen haasten de kerkleden zich om daar te bidden zodra de dienst was gesloten. Dat was in de tijd van het ronde altaar.

Profeet T.B. Joshua bidt op het altaar in de SCOAN in 2019

Tegen de tijd dat de SCOAN een meer prominente plek van pelgrimage werd, zouden er dag en nacht mannen en vrouwen zijn (in aparte gebieden) die eerbiedig knielden of met het gezicht ter aarde lagen, met hun Bijbels naast zich. Waarom? Ze waren zich aan het voorbereiden voor de zondagdienst, ze maakten hun harten klaar om te ontvangen.

In navolging van de ontwikkeling van het nieuwere altaar, zouden er 'levend water' diensten worden gehouden. Water dat was gezalfd in Jezus'

Naam werd naar kraantjes gevoed in het bovenste gedeelte van het altaargebied. Alvorens de trappen op te gaan om dit water te nemen, zou men languit op het hoofdgedeelte van het altaargebied liggen. Er waren vele en uiteenlopende genezingen en bevrijdingen tijdens deze diensten.

Het nieuws ging in de ronde buiten de kerk en onder bezoekers: "We gaan bidden op het SCOAN altaar." Geduldig wachtend in een lange rij (soms zich uitstrekkend buiten de kerk en over de drukke weg) wachtten de mensen op hun beurt.

Tijdens een levend water dienst gehouden op maandag 3 februari 2020, zag een 12-jarig meisje een hemels visioen toen ze wat van het levende water in haar ogen sprenkelde op het SCOAN altaar.

"Er is daar een man; Hij is lang! Hij draagt een wit gewaad" riep ze uit. Hij zei: "Bekeer u; Ik kom spoedig. Breng mensen naar Mijn kerk; breng meer zielen."

De hele tijd bleven haar ogen gesloten terwijl ze proclameerde: "Zijn gezicht schijnt." en "het licht is te fel."

Plotseling zakte het jonge meisje ineen op de grond en leek wakker te worden uit de trance. Beduusd door alle aandacht rondom haar vertelde ze emotioneel wat ze zojuist had gezien.

Een meisje ervaart een hemels visioen op het SCOAN altaar

"Op Zijn hoofd was een grote kroon, en Hij zat op een troon" vertelde ze, en ook dat ze rook rondom de hemelse scène zag.

Het jonge meisje was geschokt dat niemand anders zag wat zij zo levendig had gezien.

"Mensen gaan op het verkeerde spoor; ze zouden hen terug moeten brengen naar de kerk" pleitte ze.

"Er is geen excuus om verrast te zijn door de onzekerheid van komende gebeurtenissen" verklaarde T.B. Joshua toen hij een video van deze ontmoeting op het internet postte later die week. "De onzekerheid van het uur van de wederkomst van Christus vraagt om waakzaamheid en

DE PROFEET OP DE BERG

alertheid. Laat ons niet wachten op een ander teken uit de Hemel om ons te overtuigen van het allergrootste belang om vandaag het beste van het leven te maken, want alleen vandaag is van ons; morgen niet."[48]

Dit visioen doet terugdenken aan enkele voorvallen vele jaren eerder in de Sint-Mariakerk in Everton in Bedfordshire, Engeland. John Wesley noteert in zijn dagboek een interview met een 15-jarig meisje genaamd Alice die in een soortgelijke trance viel:

> Ik vond haar zittend op een stoel en leunend tegen de muur, met haar ogen open en naar boven gericht. Ik maakte een slaande beweging, maar ze bleef onbeweeglijk. Haar gezicht liet een onuitspreekbare mix van eerbied en liefde zien, terwijl in stilte tranen lang haar wangen liepen. Haar lippen waren een klein beetje geopend en bewogen soms, maar niet genoeg om enig geluid voort te brengen.
>
> Ik weet niet of ik ooit zo'n mooi menselijk gezicht heb gezien, soms was het bedekt met een glimlach als van blijdschap, vermengd met liefde en eerbied, maar de tranen vielen nog steeds hoewel niet zo snel. Haar pols was regelmatig. In een tijdspanne van ongeveer een half uur observeerde ik hoe haar gelaatsuitdrukking veranderde van angstig naar medelijden en nood. Daarna barstte ze uit in een stortvloed van tranen en riep: "Lieve Heere; ze zullen verdoemd zijn! Ze zullen verdoemd zijn!" Maar na ongeveer vijf minuten keerde haar glimlach terug, en verscheen er enkel liefde en vreugde op haar gezicht.
>
> Om ongeveer half zeven observeerde ik dat er wederom nood plaatsvond; en kort daarna huilde ze bitter en riep: "Lieve Heere, ze zullen naar de hel gaan! De wereld zal naar de hel gaan!" Kort daarna zei ze: "Schreeuw hardop! Spaar niet!" En na enkele momenten was haar uiterlijk weer kalm en vertoonde een mix van eerbied, blijdschap, en liefde. Toen zei ze hardop: "Geef God de eer!" Rond zeven uur kwam ze weer tot bewustzijn. Ik vroeg: "Waar ben je geweest?" – "Ik ben bij mijn Redder geweest." "In de hemel of op aarde?" – "Dat weet ik niet precies, maar ik was in heerlijkheid." "Waarom huilde je dan?" – "Niet voor mijzelf, maar voor de wereld; want ik zag dat ze op de rand van de hel waren."

---

[48] *"Jesus Is Coming Soon!" — Little Girl's Shocking Vision From Heaven*, TB Joshua Ministries Facebook Post, 6 feb 2020

"Aan wie verlangde je dat ze de eer aan God zouden geven?" - "Dienaren die luid naar de wereld roepen, opdat ze anders trots zullen zijn, en dan zal God hen verlaten, en ze zullen hun eigen zielen verliezen.'[49]

Een profeet in onze tijd

Het was januari 2002 en de dienst in de SCOAN liep op zijn einde. Profeet T.B. Joshua liep heen en weer langs een klein opgehoogd balkon aan de achterkant van het auditorium. Dit was de plaats waar hij meestal de aankondigingen maakte over komende nachtwaken of andere samenkomsten. Maar deze keer was er een bepaalde sombere atmosfeer terwijl hij stilletjes en ongeëmotioneerd de mensen waarschuwde dat ze direct naar huis zouden moeten gaan. Hij noemde specifiek het district Ikeja en refereerde terug naar een eerdere profetie die had gewaarschuwd voor explosies. Als vrij recente bezoeker vond Gary het moeilijk om te interpreteren wat er aan de hand was, maar de mensen begrepen de boodschap en gingen snel en stilletjes uiteen.

Zo'n twee tot drie uur daarna hoorden we de knal en zagen het flitslicht in de verte. We kwamen er later achter dat er een enorme explosie was geweest op een militaire basis in het Ikeja gebied van Lagos, met vele doden en gewonden. De volgende ochtend zagen we het kerkterrein vol met hen die de gebieden dichtbij de explosie ontvlucht waren. Ze hadden gedurende de nacht hun toevlucht genomen tot de kerk. De werkers van de kerk troostten hen en T.B. Joshua voorzag in voedsel, kleding en financiële steun.

Hier was het bewijs dat er inderdaad een profeet in ons midden was.

Presidentiële verkiezingen in Ghana

Ik hoorde iemand rennen en buiten adem roepen: "Mama Fiona, zusters" vervolgens zwaaide de deur open van het kantoor waar ik en anderen bezig waren met het beantwoorden van e-mails. "Hij heeft gewonnen, hij zal de president zijn, en de profetie is vervuld!"

We stonden op met blijdschap: "Emmanuel, God met ons! God heeft het gedaan."

---

49 Wesley, J. (1827), *The Journal of the Rev. John Wesley, Volume 2*. J. Kershaw. journaalboeking voor 6 aug 1759, p. 454

DE PROFEET OP DE BERG

Wat gebeurde er? Een profetisch woord gegeven door T.B. Joshua werd vervuld, en een president van een natie zou worden geïnaugureerd.

Later op 11 januari 2009 zou president Atta Mills persoonlijk aanwezig zijn bij een zondagdienst slechts vier dagen na zijn inauguratie als de president van Ghana. Hier zou hij publiekelijk God danken vanwege het voorrecht om in de positie te zijn die hij nu had en om T.B. Joshua te eren als zowel een vriend en mentor als een profeet van God almachtig. Hier is een uittreksel van wat wij hem hebben horen zeggen op die dag:

> "Toen ik hem (profeet T.B. Joshua) vertelde dat onze verkiezingen op zeven december zouden zijn en dat er een mogelijkheid was dat de resultaten op de achtste, negende, of tiende december zouden worden aangekondigd, keek hij me een tijdje aan, lachte en zei: "Ik zie het niet op die manier; ik kan drie verschillende verkiezingen voor je zien...en dat de resultaten in januari zullen worden aangekondigd." Ik vroeg mezelf af, als er een tweede ronde is en de tweede ronde is meestal op de 28-ste december, en daarna nog twee dagen totdat de electorale commissaris met het resultaat komt – hoe is het dan mogelijk dat we in januari uitkomen? Nou, ik hield deze woorden in mijn achterhoofd. We hadden dus de verkiezingen op zeven december. Er was een tweede ronde op 28 december, en toen hadden we een derde verkiezing in één van de kiesdistricten, en de resultaten werden in januari aangekondigd."[50]

President Atta Mills uit Ghana in de SCOAN op 11 jan 2009

Later dat jaar gingen we samen met T.B. Joshua op bezoek in Ghana, waar we president Atta Mills persoonlijk zouden ontmoeten. Uit zijn eigen mond zouden we zijn getuigenis horen van het belang van die profetie en van de bemoediging en raad die hij van de profeet had ontvangen.

---

50 *Toespraak van president Atta Mills van Ghana.* SCOAN zondagdienst op 11 jan 2009

Een grote ster

Op zondag 4 januari 2009 openbaarde profeet T.B. Joshua een profetische boodschap betreffende een grote ster die op een reis 'zonder weg terug' zou gaan:

> Ik zie een grote ster over wie de wereld roept: "Hey, hey, hey!" In zijn eigen vakgebied is hij beroemd, hij is overal bekend. Groots, te groot! Want ik zie dat er iets begint te gebeuren met die ster, dat mogelijk eindigt in dat hij zijn boeltje pakt en op een reis zonder weg terug gaat. Maar ik weet niet wanneer die reis zal zijn.

Een andere keer op 12 juni 2009 toen de waarschuwing director werd gegeven, had de man van God gezegd dat Michael Jackson naar de SCOAN moest komen voor bevrijding. Hij wist dat het niet in orde was en bracht deze boodschap specifiek over via Tee-Mac, een gevierde lokale musicus die een vriend was van de Jackson familie.[51]

Vervolgens op donderdag 25 juni 2009 overleed onverwacht Michael Jackson, internationaal muziekicoon en de beroemdste popster van moderne tijden, na een hartstilstand in Los Angeles, Californië. Wat een dag was dat toen we geschokt het nieuws zagen. Op alle grote netwerken werden verslagen van zijn dood vele malen uitgezonden. Deze begaafde muzikant had de grenzen overschreden om alle rassen, kleuren en geloofsovertuigingen aan te spreken. Ontroerd keken we naar de beelden en vroegen ons af!

De volgende zondag tijdens de SCOAN dienst verklaarde Tee-Mac publiekelijk zijn pijn toen hij over het overlijden had gehoord, en hoe hij wenste dat hij meer moeite had gedaan om de ster te overtuigen om de SCOAN te bezoeken volgend op de persoonlijke boodschap die hem was gegeven door profeet T.B. Joshua.

Later dat jaar kwam een Jackson familielid naar de SCOAN om de dienst bij te wonen en om T.B. Joshua privé te ontmoeten. Dit gebeurde allemaal tijdens een van onze periodes dat we in de SCOAN woonden, en we bewonderden de ingetogen en gevoelige manier waarop dit bezoek werd behandeld.

---

51 *Death In The House: Michael Jackson's Brother Runs to TB Joshua,* The Nigerian Voice, 2 aug 2009

De profeet op de berg

Waarlijk een 'grote ster' was op een reis 'zonder weg terug' gegaan.

The Weeping Prophet

"Om de breuk van de dochter van mijn volk ben ik gebroken, ik ga in het zwart gehuld, verschrikking heeft mij aangegrepen." (Jeremia 8:21)

In het begin van september 2019 waren er in Zuid-Afrika een reeks aanvallen door bendes op buitenlanders waarvan velen uit Nigeria kwamen. Onrust nam toe en vergelding en een escalatie van geweld leken onafwendbaar.

Tijdens de zondagdienst van de SCOAN op 8 september gaf profeet T.B. Joshua geen preek. Hij nam inderdaad niet deel aan de dienst behalve dan om hand in hand in een rij te staan met het SCOAN koor op het podium, toen ze een lied zongen dat hij had geschreven getiteld Afrika verenig u! Hij was zichtbaar ontroerd en hij huilde tijdens het lied:

Afrika verenig u
[Afrika herinner waar we vandaan komen]
Afrika verenig u
[Afrika laten we ons verenigen]
We hebben elkaar nodig
We hebben elkaar nodig om te groeien
Afrika verenig u
Het Zuiden kan het niet alleen
Het Westen kan het niet alleen
Het Oosten kan het niet alleen
Het Noorden kan het niet alleen
We hebben elkaar nodig
We hebben elkaar nodig om te groeien
Afrika verenig u

In de twee weken die daarop volgden ontving de SCOAN ongeveer 200

Nigeriaanse repatrianten in de kerk om naar hun getuigenissen te luisteren en om hen wat meer tastbare ondersteuning te geven in de vorm van gelddonaties met een totaalbedrag van 15 miljoen naira. De verhalen van de repatrianten legden de invloed uit die het lied en de tranen van profeet T.B. Joshua hadden gehad:

> "Voor dat lied van profeet T.B. Joshua was er boosheid binnen de Nigeriaanse gemeenschap. We zonden berichten terug naar Nigeria, deelden verschrikkelijke video's en riepen onze mensen op om de aanvallen te wreken. Maar na dat lied werd ik bevrijd van die boosheid, kwaadwilligheid en wrok. Het was een zelfbevrijding. Ik realiseerde me dat onze vijand niet het fysieke uiterlijk is, maar een persoon zonder vlees of bloed – geestelijke wezens."
>
> (Dhr. Stanley, Nigeriaanse repatriant)[52]

> "De tranen die profeet T.B. Joshua liet afgelopen zondag tijdens de live zondagdienst redde vele levens."
>
> (Dhr. Nwaocha, Nigeriaanse repatriant)[53]

> "Het waren de tranen van de man van God die ervoor zorgden dat de politie zich rondom ons schaarde en ons van de aanvallers redde. We moeten elkaar liefhebben."
>
> (Dhr. Ogbonna, Nigeriaanse repatriant)[54]

Het pandemie tijdperk

De ontwikkeling van de Gebedsberg was een project dat vele jaren in beslag nam om te voltooien. De moerassige wildernis zou zorgvuldig worden gedraineerd door arbeiders die vaak in simpele bootjes met de hand het riet verwijderden. Na verloop van tijd werd er zo een uitgestrekt wateroppervlak gecreëerd. Met z'n kleine eilandjes werd dit meer een thuishaven voor vogels, en tijdens de zonsondergang was de lucht ermee vervuld. Men zag ook kleine aapjes, pauwen, zachtaardige antilopen, en sierhaantjes.

---

52 *South Africa returnees narrate ordeals*, P.M. News (Nigeria), 20 sep 2019
53 *South African returnees get financial aid, succour from SCOAN*, Nigerian Tribune, 15 sep 2019
54 Ibid.

De profeet op de berg

De Gebedsberg begin 2021

Langzaam zou het gebied van de grote gebedstuin opkomen met nieuwe bomen die waren uitgekozen om schaduw te geven aan de biddende pelgrims. Speciale drainagekanalen werden gecreëerd zodat de tropische regens snel konden wegspoelen, en als laatste werd het gebedslooppad rondom het meer aangelegd en in de loop van 2020 voltooid.

Buiten de Gebedsberg raasde het verkeer en het drukke leven in de megastad ging verder, maar binnen de hoge muren was er een oase van natuur en vrede tevoorschijn gekomen.

Een herinnering die eruit springt was de belangrijke overgang tussen 2019 en 2020 (toen het virus dat de COVID-19 pandemie veroorzaakte al aan het werk was in China). De man van God koos ervoor om die tijd door te brengen op de Lagos Gebedsberg met zo'n 300 bezoekers in plaats van live te verschijnen op Emmanuel TV als een 'beïnvloeder' bij het begin van het nieuwe jaar. Het gebedslooppad was al bijna voltooid en om het vlees te laten zweten, zoals T.B. Joshua ons aanmoedigde, wandelden we in de hitte van de dag en spraken de volgende gebedspunten:

> *Iedere geest van aanstoot, je bent hier niet welkom! Ga uit mijn leven!*
> *Iedere geest van haat, je bent hier niet welkom! Ga uit mijn leven!*
> *Iedere geest van immoraliteit, je bent hier niet welkom! Ga uit mijn leven!*
> *Iedere geest van ontrouw, je bent hier niet welkom! Ga uit mijn leven!*
> *Iedere pijn uit het verleden, je bent hier niet welkom! Ga uit mijn leven!*

> *Dank U, Heilige Geest van liefde, voor het vergeven van mijn haat*
> *Dank U, Heilige Geest van geloof, voor het vergeven van mijn twijfel*
> *Dank U, Heilige Geest van hoop, voor het vergeven van mijn zelfmedelijden*
> *Dank U, Heilige Geest van nederigheid, voor het vergeven van mijn trots*
> *Dank U, Heilige Geest van vrede, voor het vergeven van mijn boosheid*
> *Dank U, Heilige Geest van geduld, voor het vergeven van mijn gemopper*
> *Dank U, Heilige Geest van goedheid, voor het vergeven van mijn kwade daden*

Als een profeet, een communicator tussen het zichtbare en onzichtbare, profeteerde hij samen met vele andere accurate profetieën, het jaar van angst, zeggende: "Jullie zijn niet bezorgd, maar ik ben erg bezorgd." Het gebeurde zoals voorzegt. Het jaar van angst dat elke natie zou aandoen stond op het punt om over ons te komen. Dit zou wat we beschouwden als het normale leven van binnenuit veranderen. Iedere natie zou worden getroffen toen de plaag van angst allen aangreep, vooral de ontwikkelde landen met hun aanzienlijk grotere bevolkingsgroep van oudere mensen en hun bezorgdheid over gezondheidssystemen die overbelast werden. Overal sloten kerken hun deuren en bereidden zich voor om online te bedienen.

"Ik wist dat een tijd als deze zou komen" zei de man van God, refererend aan de sluiting van kerken. Inderdaad de heldhaftige inspanningen door de jaren heen om de Gebedsberg voor te bereiden als een geschikte plaats met overvloedige ruimte, frisse lucht en de inspiratie van natuur voor vele honderden mensen werden nu beloond. Emmanuel TV partners en kerkleden waren de eerste begunstigden van deze gezegende omgeving.

Naarmate de tijd verstreek zou T.B. Joshua de Emmanuel TV partners in gebed bedienen op de Gebedsberg. Wandelend tussen de bomen in de tuin, een bosrijke omgeving, nam hij zijn tijd. Hij bewoog zich onder de mensen die in een ordelijke manier en op gepaste afstand waren opgesteld en aan het wachten waren op die aanraking van Jezus. Trouwe Emmanuel TV vrienden en partners hadden zo lang gewacht om die gezalfde aanraking te ontvangen. Gezalfd was het inderdaad. Langslepende chronische aandoeningen zoals slechtziendheid, gelimiteerde mobiliteit en artritis zouden wegvluchten terwijl hun vader in de Heere tussen de bomen bewoog, en de kracht van God aanwezig was om te genezen.

T.B. Joshua bidt voor Emmanuel TV partners in de gebedstuin

ONS GEESTELIJK LEVEN

Profeet T.B. Joshua heeft vaak gezegd dat:

> "De eerst plaats waar je voorspoedig moet zijn is in je geestelijk leven."

Zonder die fundering zal iedere andere vorm van voorspoed de proeve des tijds niet doorstaan, of zou een vernietigende kracht kunnen worden in plaats van een zegen.

Maar hoe bouwen we ons geestelijk leven op? De volgende preek helpt om hierover licht te laten schijnen.

ONS GEESTELIJK LEVEN

T.B. Joshua, de SCOAN zondagdienst, 7 februari 2010

Velen van ons zijn traditionele christenen die gewend zijn aan een of andere methode om te bidden. Het is niet ons lichaam dat bidt, maar degene binnenin ons (die we niet kunnen zien) die bidt. Er zijn twee naturen in één persoon; degene die we kunnen zien is de menselijke natuur. Het is niet alleen wanneer jij je mond opendoet dat je dan aan het bidden bent. Je kunt bidden en in gesprek zijn met vrienden, of je kunt tegelijkertijd bidden en eten.

Dit zou het normale leven van een christen moeten zijn, jouw leven zou een leven van gebed moeten zijn. Je moet altijd in de Naam van Jezus Christus mediteren en zeggen: *"Heere Jezus ontferm U over mij; laat Uw ontferming voor mij spreken; laat Uw gunst voor mij spreken vandaag."* Maar hoeveel christenen doen dit? Jij bidt alleen wanneer je in nood bent.

Ons probleem is dat we te werelds zijn, en waar we naar zoeken in de wereld, hetgeen al onze kwaliteitstijd, inzet en energie opslokt, we vinden het niet. Dit is het meest teleurstellende van al. Waarom kunnen wij dan niet meer tijd geven aan ons geestelijk leven en verbonden raken en zien wat er zal gebeuren?

De opbrengst van jouw wedergeboorte, dat je een gelovige bent, is genoeg om de wereld te vertellen wie jij bent in plaats van dat jij jezelf introduceert. Vandaag de dag ben jij degene die mensen smeekt om voor hen te mogen bidden, in plaats van dat zij jou smeken om voor hen te bidden nadat ze Jezus in jou hebben herkend.

Je hebt Jezus altijd nodig, niet alleen op een bepaalde tijd. Jij weet dat je Jezus nodig hebt, maar je weet niet hoezeer jij Hem nodig hebt. Jij hebt Hem nodig om je bril op te zetten, jij hebt Hem nodig om jouw mond open te doen, jij hebt Hem nodig om jouw mond dicht te doen, jij hebt Hem nodig om achter of voor je te kijken, maar jij gelooft dat je Jezus alleen nodig hebt als er problemen of moeilijkheden zijn. Dat is waarom satan deze mogelijkheid steeds blijft gebruiken; hij kent de tijd dat je Hem roept, de tijd dat jij Hem nodig hebt. De momenten dat je niet verbonden bent dan komt hij bij jou, dan slaat hij toe.

Wanneer je begint te denken dat jij bepaalde dingen zelf kunt doen, dan ga je in de fout. Je moet in alle dingen van Hem afhankelijk zijn. Paulus de apostel zegt: *"Alle dingen zijn mij mogelijk door Christus, Die mij kracht geeft."* (Filippenzen 4:13), maar wat jou betreft, jij doet vandaag niet alle dingen door Christus. Je kijkt niet door Christus; je glimlacht niet door Christus; je staat niet op, gaat zitten of eet door Christus.

We moeten opnieuw beginnen met het opbouwen van ons geestelijk leven. Wanneer je continu op Jezus mediteert, dan heb jij geen tijd voor rommel; je zult niet gaan waar Jezus niet welkom is. Je zou altijd in een houding van gebed moeten zijn en niet wachten totdat ik zeg: "Sta op om te bidden." De eerste plaats waarin we voorspoedig moeten zijn is in ons geestelijk leven.

De grootste oorlog die we hebben is in ons hart. Tegenspoed en teleurstelling vind eerst plaats in onze harten, maar wanneer we in een houding van gebed zijn, dan zullen al deze negatieve gedachten verdwijnen.

De situatie van een christen is bedoeld voor de heerlijkheid van God, zoals wat er met Paulus gebeurde:

DE PROFEET OP DE BERG

> *"Hierover heb ik de Heere driemaal gesmeekt dat hij van mij weg zou gaan. Maar Hij heeft tegen mij gezegd: Mijn genade is voor u genoeg, want Mijn kracht wordt in zwakheid volbracht."* (2 Korinthe 12:8-9)

Wanneer God zich bewust is van jouw situatie, zal Hij Zijn kracht in jouw zwakheid manifesteren. Je kunt ondanks het probleem toch blijven doorgaan, totdat Hij besluit om het weg te nemen of het niet weg te nemen. En als Hij besluit om het niet weg te nemen, kun jij nog steeds de rest van jouw leven vredig doorbrengen, want we hebben nooit geleerd dat het de doorn was die Paulus om het leven bracht.

Een christen leidt een leven dat van Christus komt, en wanneer jouw leven van Christus komt, dan is Christus Zich bewust van alles wat ermee te maken heeft, tenzij jij je innerlijke bronnen niet uit Hem haalt. Wanneer God Zich bewust is van jouw situatie, dan is die situatie onder controle. Jouw situatie is onder controle wanneer die bedoelt is om jou naar een nieuw levensniveau te brengen, wanneer het bedoeld is om jouw verlangen naar God te versterken, wanneer het je meer laat bidden en vasten, en wanneer de situatie bedoeld is voor jouw verlossing.

Toch zei Paulus in vers negen: *"Daarom zal ik veel liever roemen in mijn zwakheden"*, hetgeen betekent dat zijn zwakte verschillend was dan die van anderen. Die van anderen is bedoeld om hen kapot te maken, om hen te doden, maar de jouwe is bedoeld om je te bewaren, om je naar een nieuw niveau te brengen en om je voor te bereiden op de komende uitdagingen. Als dat jouw situatie is, waarom dan mopperen, waarom klagen, waarom twijfelen, waarom bang zijn? Het is een mogelijkheid voor jou om God te eren ten overstaan van mensen.

Maar als je vandaag wat moeilijkheden hebt dan kunnen mensen dit zien aan jouw uiterlijk, zonder dat hen dit verteld werd. De sympathie van mensen kunnen jouw probleem niet oplossen; het zal het eerder erger maken. Dus blijf trouw aan God. In goede of zware tijden, blijf trouw aan God.

Jullie zijn een gekozen generatie. Wanneer jij niet weet wie je bent, dan begin jij jezelf met anderen te vergelijken. Neem jouw situatie terug van satan door het als een zegen te zien en een mogelijkheid om God te eren ten overstaan van mensen.

Een man van het volk

"Ik ben voor de zwakken geworden als een zwakke, om de zwakken te winnen. Voor allen ben ik alles geworden, om in ieder geval enigen te behouden." (1 Korinthe 9:22)

Hebreeën 1:9 spreekt over Jezus Christus, citerend uit een van de Psalmen:

"U hebt gerechtigheid lief en haat ongerechtigheid. Daarom heeft Uw God U gezalfd, o God, met vreugdeolie, boven Uw metgezellen."

In zijn omgang met de mensheid komt er een ander plaatje van T.B. Joshua naar boven; met blijdschap vervuld, omgaand met iedere man, vrouw en kind op hun eigen niveau. Hij demonstreert 'alles te zijn voor allen', een man van God en een man van het volk.

Dit is misschien nog het meest duidelijk in zijn omgang met mensen die reageren op een profetisch woord of waaraan hij vragen stelt in de kerkdienst. Laten we de volgende scène beschouwen.

Een kleine jongen zit ietwat nerveus bij zijn moeder die, terwijl T.B. Joshua langsloopt, zich vreemd begint te gedragen vanwege het effect van boze geesten in haar leven. De moeder probeert uit te leggen dat de kleine jongen degene is met het probleem (boosheid), maar T.B. Joshua gaat daar niet in mee. Terwijl de moeder onder de invloed is van de Heilige

Geest, is hij zowel voor haar aan het bidden en tegelijkertijd ervoor aan het zorgen dat de kleine jongen zich op zijn gemak voelt.

Allemaal met camera vastgelegd en voor kijkers wereldwijd te zien, vraagt hij hem eerst wat er in zijn zakken zit en neemt zijn kleine colbertje en probeert deze zelf aan te doen. Het gezicht van de kleine licht op en een glimlach spreidt zich over zijn gezicht. Je kunt aan zijn lichaamstaal zien dat hij ontspant. Dus deze grote volwassene in deze grote plaats is een grappige man. Ik vind deze man aardig. De scène eindigt met dat hij samen met T.B. Joshua hand in hand blij naar zijn moeder loopt, bij wie de bevrijding voltooid is. Hij zegt dan tegen de moeder: "Hij is een brave jongen, later zal ik jullie allebei ontmoeten."

"In een situatie waar er spanning en druk is, wordt lachen een grote opluchting."

Religieuze geesten huiverden als T.B. Joshua humor en gelach zou demonstreren om hen te ontmaskeren.

Een koppel kwam voor gebed, de man klaagde dat zijn vrouw telkens de Bijbel raadpleegde alvorens iets te ondernemen, waaronder intieme huwelijkszaken. Serieus klinkend en dieper gravend, ondervroeg hij de geïrriteerde man wiens verhalen een kwaadwillende religieuze geest onthulde achter het gedrag van zijn vrouw. Door de kwestie met zijn zachtaardige humor aan te pakken, werd de bijgelovige religieuze geest ontmaskerd die zonder bevrijding zou kunnen leiden tot mentale ziekte. Het voorbeeld sprak als een levende gelijkenis tot de kerk en wijder publiek.

Hij gaf haar de Bijbel en vroeg haar om te laten zien hoe ze deze raadpleegde door deze willekeurig open te slaan en te besluiten welk marktkraam ze zou bezoeken om yam (een lokale groente) te kopen. Terwijl de voorbeelden steeds belachelijker werden bleek het gelach van de kerk een toepasselijke manier om de kwaadwillende kracht die aan het werk was te ontmaskeren. Na bevrijding kwam het koppel om hun getuigenis te delen. Een huwelijk hersteld en een mooie toekomst in het vooruitzicht.

Tijdens een SCOAN dienst kan er op elk moment van alles gebeuren. Het ene moment zou de congregatie, vaak prachtig gekleed in lokale

Een man van het volk

kleurrijke katoenen kleding, van hun stoel vallen van het lachen en op een ander moment zou er een profetie zijn: "Iemand heeft hier een wapen. Kom tevoorschijn. God zal je bevrijden." Er zou dan een man naar voren komen, gedreven door de invloed van de Heilige Geest, en nadat hij zijn broek optrok was er een mes te zien van 30 cm lang dat aan zijn onderbeen bevestigd zat.

Toegankelijk en toch onaantastbaar

Het was in het midden van de kerkdienst en buiten werd de lucht gevuld met geluiden van pistoolschoten! Er waren gewapende overvallers in de straat, dreigend om met een geladen pistool een ravage aan te richten. In de drukke straten boordevol met mensen, was er de mogelijkheid om snel een bloedblad aan te richten.

T.B. Joshua toont het pistool van de gewapende overvallers

Kalm liep T.B. Joshua naar buiten, benaderde de overvallers in het midden van de menigte, eiste het wapen op, en droeg vervolgens het wapen de kerk binnen en ging verder met zijn prediking.

Tijdens een ander voorval was er een man die bijtend zuur bij zich had en die op de auto sprong toen T.B. Joshua op het punt stond om in te stappen om vanuit de kerk terug te gaan naar de Gebedsberg. De man van God sprak een woord van gezag, en de man bevroor en was niet in staat om zijn kwade daad uit te voeren.

In de kerk lopend te midden van een menigte van mensen vertelde T.B. Joshua dat, wandelend met God, hij toegankelijk maar onaantastbaar was.

Deze incidenten waren niet beperkt tot het kerkterrein of zelfs Nigeria.

"Snel stop hem; waar gaat hij naartoe?" De forse man ging recht door het gebied van gebed heen, doelgericht rennend richting T.B. Joshua, met de intentie om hem op de grond te duwen.

"Wat gebeurt er?" Terwijl hij heel dichtbij komt is het alsof hij tegen een muur oploopt, en hij valt op de grond en kan niet opstaan.

Dit vond niet plaats in Lagos maar duizenden kilometers verder weg in Singapore.

We lezen in enig detail over een gelijkaardig fenomeen in de dagboeken van de oprichters van het Methodisme, John en Charles Wesley. Die werden zo nu en dan aangevallen door gewelddadige bendes tijdens hun prediking in de openlucht. Het was niet ongebruikelijk dat bendeleiders van kant wisselden en hen begonnen te beschermen toen ze onder de kracht kwamen van het gesproken woord in liefde en geloof. Een prominente misdadiger genaamd Munchin had deze ervaring. Op pad gegaan om John Wesley om te brengen, eindigde hij met het beschermen van hem tegen de rest van de bende. Charles Wesley schreef over hem:

> Munchin, de voormalige kapitein van de maffia, is constant onder het Woord geweest sinds hij mijn broer heeft gered. Ik vroeg hem wat zijn gedachten over hem waren. "Wat ik van hem denk?" zei hij: "Dat hij een man van God is, en God was aan zijn zijde toen zovelen van ons niet één man konden doden.[55]

Terug nu naar het heden. Een groep militanten kwam naar de SCOAN omdat ze moe waren van het geweld en de meedogenloze drang naar bloedvergieten. Ze wilden bevrijd worden.[56] Ze zagen in T.B. Joshua een man die ze konden benaderen. Zoals hij gezegd heeft: "Niemand is te slecht en niemand is te goed om redding te ontvangen".

DANSEN EN VIERINGEN

Wat liet de camera zien? Een beeld onder de knie van draaiende voeten die meetikken op een energiek ritme. Wie was die persoon? Nu konden we het zien; daar was T.B. Joshua aan het dansen, terwijl overal de vrolijke kakofonie van instrumenten, Afrikaanse trommels en stemmen rondging. Het was de live zondagdienst waarin iedereen

T.B. Joshua danst tijdens een lofprijs moment

---
55   Jackson, T. (Ed.) (1849). *The Journal of the Rev. Charles Wesley.* journaalboeking voor for 25 okt 1743
56   *Nigerian Militants Surrender In Church!* TB Joshua Ministries Facebook Post, 26 jun 2019

genoot van de mogelijkheid om God te prijzen met wat echte West-Afrikaanse ritmes, waaronder ook de pastor.

De vieringen van het nieuwe jaar zagen deze liefde voor dansen worden opgetild naar een ander niveau. Eerst was er eten voor de bezoekers die waren gekomen voor een weeklange geestelijke retraite, en voor alle werkers van de kerk. Na het proeven van de verrukkelijke diversiteit van lokale en internationale gerechten, zou de danscompetitie beginnen. Eerst verschenen de verschillende naties op het podium en daarna de afdelingen van de werkers van de kerk.

Er zouden officiële juryleden zijn die met grote ernst de resultaten zouden bekendmaken. Soms zou T.B. Joshua een berichtje sturen naar de evangelisten en voordat we er erg in hadden was iedereen live te zien op Emmanuel TV. De telefoons zouden beginnen te piepen terwijl tekst en WhatsApp berichten binnen zouden stromen, vooral uit zuidelijk gelegen Afrikaanse landen, die zeiden: "Ik ben naar jullie aan het kijken; leuk dansje ik wou dat ik erbij was!"

Boksen in de Geestt

Er waren maar weinig dingen die de trouwe lokale kerkleden leuker vonden, vooral de gespierde Nigeriaanse mannen, dan de krachtontmoetingen die de Heilige Geest zo nu en dan aan T.B. Joshua toestond om te hebben met beroemde boksers of worstelaars.

Hoewel er een groot deel gelach was van hen die toekeken, hielpen deze ontmoetingen om geloof te bouwen en de duivel voor schut te zetten.

Er was de bokser die voor bevrijding kwam waartegen T.B. Joshua proclameerde: "Ik ga in de geest tegen jou boksen." De bokser, een lange Nigeriaan met uitpuilende biceps, ging automatisch tegenover hem staan. Hoewel hij bevrijding wilde, zou deze niet-bokser van gemiddelde grootte hem toch zeker niet tegen de vlakte krijgen, want wat zou dat voor zijn reputatie betekenen?

Maar dit is een bokswedstrijd niet vanuit het vlees, maar vanuit de geest. Zonder fysieke aanraking, terwijl T.B. Joshua in zijn richting in de lucht bokst, valt hij op de grond, eenmaal, tweemaal, driemaal. Aan het eind van ronde 3 buigt hij zijn hoofd naar de grond. T.B. Joshua werpt een bevelende zwaai in zijn richting en de man stort wederom ineen op de vloer, volledig bevrijd.

Hierna, met een glinstering in zijn oog, wat advies voor de man ten aanzien van zijn boksen: "Als het jouw beroep is als een sportman ga dan door met boksen, maar haat niet je tegenstander."

Door gejuich en opgeheven handen in de lucht werd deze ontmoeting door de toekijkende kerkleden begroet, en ze gingen naar huis om het aan hun buren te vertellen.

Op een andere keer gaf een geraffineerde blanke Zuid-Afrikaanse dame toe dat ze bang was om beroofd te worden. T.B. Joshua nam haar handtas, gaf die terug aan haar en vertelde anderen uit haar Zuid-Afrikaanse groep om te proberen haar tas af te pakken. Ze hief haar handtas op toen er zelfs twee tegelijk naderbij kwamen en proclameerde: "In de naam van Jezus, je zult mijn tas niet van me afpakken." Een voor een faalden ze en vielen op de grond, niet in staat om het te bevatten. Gebeurde dit echt met sterke competente mannen? Wat was dit voor kracht?

Een drukke kerkdienst in de SCOAN

In andere gevallen raakte T.B. Joshua de microfoon aan en hield die richting een persoon die boze geesten manifesteerde. Die persoon zou vervolgens omver vallen. Hij demonstreerde de zalving van God door middel van levenloze objecten.

Naarmate de tijd verstreek en het Zalvingswater wijd gedistribueerd werd, zouden er getuigenissen zijn zoals hoe het Zalvingswater voor gewapende overvallers werd gehouden waarop de criminelen wegrenden.

De zondagschool

Als T.B. Joshua de zondagschool lessen bezocht en bij de kinderen langsging (vaak met regens van snoep), werd er altijd geroepen en gegild van blijdschap. Kinderen noemden hem papa en wilden bij hem zijn.

Een man van het volk

De kinderen hun verjaardagen werden gevierd met een taart en hij zou vaak de taart aansnijden.

Dan waren er de voorstellingen door de kinderen vooraan in de kerk. Het camerateam maakte opnames van de gerepeteerde evenementen van de kinderen met net zoveel serieuze aandacht als dat ze zouden geven aan de zondagdienst. Naarmate Emmanuel TV groeide zouden de beste daarvan in het uitzendschema verschijnen.

T.B. Joshua viert een verjaardag in de zondagschool in 2002

Wat een opwindende tijd; het is de kans voor de zondagschool om te schitteren. Ze hebben een speciaal optreden voorbereid en ze proberen giechelend hun zinnetjes te onthouden. De moeders werken aan hun kostuums en houden de boel op orde. Onze groep bezoekers hielden van de live optredens van de kleintjes en deze keer was geen uitzondering.

Hier komt een jongetje en met hem een groep kinderen die in een rij gaan staan. De nepsnor van het jongetje zit een beetje los, maar zijn zelfvertrouwen is aanzienlijk. Lopend naar de rij met kinderen begint hij te bidden: "Jij geest van stoutzijn en afgestompt brein, ga uit dit lichaam! Ik beveel jou om weg te gaan in Jezus' Naam!" Zich omdraaiend richting het publiek, nadat zijn hele rij met patiënten op de grond is gevallen, begint hij met een aantal van T.B. Joshua's gebedspunten te bidden. Vervolgens gebied hij de camera om te komen zodat hij ook voor de kijkers kan bidden.

De bezoekers ontsnappen niet aan zijn haviksoog, en hoewel niet in ons midden, weten we dat elders in het gebouw T.B. Joshua, met zijn sprankelend gevoel voor humor, geniet van de imitatie van zichzelf.

Wat later zouden de beste predikers onder de kinderen bij het optreden komen om te preken. En dan was er misschien ons favoriete voorbeeld. Een thematische discussie door de tien-jarigen over een fundamenteel theologisch thema. Misschien de aard van gebed of de rol van de Heilige Geest. Dit was een zachtaardige, humoristische manier om eeuwige waarheden uit te leggen en te demonstreren. En dat is zo goed gelukt!

Het is tijd voor gebed in de live dienst en een kleine jongen met een ondeugend gezicht zit bij zijn moeder. Hij is vrijmoedig en lacht hardop wanneer hij T.B. Joshua in het vlees ziet. Dit kind is voorbereid gekomen en hij vraagt om de microfoon, waardoor T.B. Joshua in schatergelach uitbarst. Hij vraagt aan de jongen: "Wil jij preken?"

De jongen heeft een reeks uitspraken gememoriseerd van Emmanuel TV en citeert complexe Schriftgedeeltes en ook leerpunten zoals: "Kennis betekent het uitleggen van het ontvouwen en de onderlinge samenhang van Evangelie feiten" en "Profetie is niet noodzakelijkerwijs het voorspellen van toekomstige gebeurtenissen, maar het prediken en onderwijzen van het Woord met kracht!"

Een kleine jongen imiteert een prekende T.B. Joshua in 2011

Deze ontmoeting gaf grote blijdschap aan het kind en de toekijkende kerk en was een spontane mogelijkheid voor de pastor om de ouders aan te moedigen om het Schriftuurlijke gebod – je kinderen in de weg van de Heere te trainen, in acht te nemen. Deze jongen groeide en floreerde en was tijdens de vakanties vaak met zijn moeder in de SCOAN te vinden.

En wat was het resultaat van zo'n ontmoeting? Eindigde het daar? Was het slechts een beetje luchtig plezier tijdens de dienst? De clip werd vele malen en in vele landen op YouTube bekeken. Op de Emmanuel School in Pakistan werd het zeer gewaardeerd door de leraren en de kinderen.

Mentorschap

Mensen van alle leeftijden uit vele natiën zouden vragen om een tijdje in de SCOAN te mogen blijven om door T.B. Joshua begeleid te worden. Het was en is een Bijbelschool van de Heilige Geest waar geld op generlei wijze vereist is. Hij is ook duidelijk geweest over de absolute noodzaak om ontvangen impartatie vast te houden door goed karakter en consistent door het Woord van God te leven.

Een man van het volk

Dit mentorschap heeft vele vormen aangenomen zoals de ontwikkeling van evangelisten en de jeugd van de kerk, die waardevolle vaardigheden zouden leren door te werken in verschillende afdelingen. Deze ervaring zou hen goed van pas komen in hun toekomstige carrières.

Vooral Emmanuel TV heeft voordeel gehad van deze in-huis training. Zoals de website uitlegt:

> Wij van Emmanuel TV geloven in het ontwikkelen van vaardigheden. Jezus Christus nam de tijd om de vaardigheden van Zijn discipelen te ontwikkelen. Ons hele productieteam, waaronder de cameramensen, editors, regisseurs, grafisch ontwerpers, artiesten, presentatoren, geluidsmensen, enz., zijn allen in-huis evangelisten die hun vaardigheden hebben ontwikkeld door te werken in de SCOAN en met Emmanuel TV.

Sommige vooraanstaande personen zouden naar de kerk komen om de man van God in zijn kantoor te ontmoeten om de wijsheid van een erkende profeet te zoeken. Dit waren onder meer zakenmannen en vrouwen, academici, regeringsambtenaren, humanisten en ook pastors. Sommigen zouden net als Nicodemus onopvallend in de nacht komen.

T.B. Joshua heeft mensen altijd aangemoedigd om 'beter dan hun best te doen' ongeacht op welk vlak hun vaardigheden liggen. Hetzij academisch, juridisch, medisch, zakelijk, sport, kunst of in een bediening.

LIEFDADIGHEID

T.B. Joshua kan zich persoonlijk inleven met de armen en zijn leven lang heeft hij zichzelf gewijd om gul te geven om hen te helpen. Hier is een uittreksel van een krantinterview dat enige achtergrond geeft:

T.B. Joshua bezoekt de hulpbehoevenden in 2007

> *Waardoor ontstond uw passie voor de hulpbehoevenden?*
>
> De Bijbel zegt: "Waak en bid..." – het betekent dat je rondom je moet kijken voordat je bid. Als er mensen zijn die jouw hulp nodig

hebben, doe dan wat je kan om hen verlichting te geven. Heb hen lief. Hierna kun je bidden – en jouw gebeden zullen beantwoord worden. Ik weet wat het is om in nood te zijn. Ik ben ooit in deze situatie geweest, vragend om hulp. Ik weet zeer goed wat het betekent om in nood te zijn. Ik heb armoede geproefd, vernedering. Ik leed aan neerslachtigheid, verwaarlozing, en al dat soort dingen. Maar vandaag ben ik een product van genade. Ik beschuldig niemand die arm is; ik zou niemand moeten beschuldigen die vernederd is. De snelle renner wint niet altijd de race.[57]

T.B. Joshua maakt geen geheim van zijn liefde voor zijn land. Deel uitmakend van de vele lokale liefdadigheidsprojecten en studiebeurs schema's, zou hij vaak hen helpen die hadden geprobeerd om een 'beter leven' te vinden in Europa, maar werden gedupeerd door gewetenloze mensensmokkelaars. Dit betere leven bracht hen naar opsluiting in Libische gevangenissen of ze werden als moderne slaven aan het werk gezet. Er zouden hulpvragen zijn richting T.B. Joshua en de Nigeriaanse regering zou worden betrokken in de repatriëring.

Gedeporteerde Nigerianen uit Libië ontvangen ondersteuning in de SCOAN in 2017

Gekleed in gereguleerde trainingspakken zouden de gedeporteerden uit Libië naar de SCOAN komen en voedsel, medische zorg en geestelijke verzorging ontvangen. Ook ontvingen ze financiële assistentie en zakken met rijst om hen te helpen om terug te keren naar hun geboorteplaats. Eerst zouden ze hun schrijnende verhalen vertellen voor een volgepakte kerk en de vele kijkers van Emmanuel TV, anderen waarschuwend om niet in dezelfde leugens te geloven die een makkelijke route beloofde naar groenere weiden.

Haïti

"Baba en mama zitten jullie? We hebben een grote opdracht." T.B. Joshua

---

57   *TB Joshua Interview — The People Come First*, Tell Magazine, No. 52, 24 dec 2007

Een man van het volk

had midden in de nacht gebeld om te zeggen dat wij met z'n vijven die in de VS waren het voortouw moesten nemen om een medische kliniek in Haïti op te zetten. Dit in reactie op de catastrofistisch aardbeving van januari 2010. In Colorado hadden we een klein kantoor opgezet voor Emmanuel TV toen dat telefoontje vroeg in de morgen kwam van één van het team. Volgend op die interactie om te gaan, had het VS team met ondersteuning van het VK team tien dagen later een vrachtvliegtuig gecharterd. Deze was gevuld met medische benodigdheden en er was een projectteam samengesteld. Dat alles was op zichzelf al een wonder.

Fiona beschrijft haar gevoelens in die tijd,

Ze waren een mengeling van 'hoe wonderlijk' en 'hoe angstaanjagend' allemaal tegelijkertijd. De politieke situatie was onzeker. Er werd van ons allemaal verwacht dat we op de rotsachtige grond zouden slapen (dit gebeurde ook), levend vanuit kleine rugzakjes. De voorraad brandstof in Haïti was onzeker. Ons kleine vliegtuigje (het kleinste waar ik ooit heb ingezeten) moest onderweg stoppen om brandstof op te halen in Nassau. Maar terwijl ik in de negen-zitter zat, waren dit de prevalerende gedachten in mijn hart: "Ik heb vrede met iedereen, ik ga de armen dienen; God is met ons en we zijn onder de leiding van een ware profeet dus wat er ook gebeurt, het is goed."

Gary bleef enkele dagen achter in Florida om het vrachtvliegtuig te regelen en hij ervaarde daar zijn eigen portie aan uitdagingen en wonderen. Het eerste vliegtuig werd aan de grond gehouden, maar er werd een tweede chartermaatschappij gevonden en een ander vliegtuig werd voorbereid en geladen. Dit gebeurde allemaal binnen 24 uur. Nadat hij met het vrachtvliegtuig en de voorraden in Haïti arriveerde en zich aansloot bij Fiona en de andere teamleden, was het volgende wonder om de goederen naar de plaats van de aardbeving te krijgen. We reisden over de hele lengte van het eiland over officieel onbegaanbare wegen en vroegen aan de burgemeester

Gary en Fiona op lokaal transport in Haïti

van Arcahaie een stuk land om op te kamperen en te gebruiken als een kliniek.

Toen we eenmaal daar waren was het geen probleem om noodlijdende mensen te vinden. Alle zwangere vrouwen wilden een dokter zien en alle kinderen hadden behandeling nodig vanwege het slechte water. De mensen waren doodsbenauwd als gevolg van de aardbeving en sliepen buiten. Dat deel van Haïti was extreem arm en de lokale markt leek op een schouwspel van 300 jaar geleden – de goederen arriveerden op ezels.

Een duidelijke boodschap van T.B. Joshua aan het verzamelde team was om meer zoals de lokale bevolking te leven en zo de valkuilen te vermijden van het verblijven in comfortabele hotels, ver verwijderd van de werkelijk manier van leven van hen die we probeerden te helpen.

Voedselvoorraden in de Emmanuel TV medische kliniek in Arcahaie

Hoe juist was de man van God; de bewoners zagen het verschil.

Een grote les van de ervaringen in Haïti was dat voortgang maken gepaard gaat met ongemak. In Haïti was het ongemak fysiek – meedogenloze hitte, geen fatsoenlijk toilet, simpele maaltijden koken voor het team op een vuurtje van houtskool, slapen op een laag karton, douchen met een halve emmer water en dit wekenlang – maar het was geweldig en levensveranderend! Andere situaties om vooruit te gaan kunnen gepaard gaan met andere uitdagingen, misschien mentaal of emotioneel in plaats van fysiek.

De man en de boodschap

Het simpele telefoontje van T.B. Joshua terwijl we comfortabel in Colorado waren, had geleid tot de vestiging van een medische kliniek in Haïti voor langere tijd. Dit ging gepaard met een reeks van wonderen en levens die gaandeweg ten goede werden veranderd. Hoe kan het dat deze boodschap met zich de kracht van vervulling had meegedragen en bewijs had laten zien dat deze door God werd ondersteund? Hiervoor

EEN MAN VAN HET VOLK

moeten we nog iets meer begrijpen over deze man van het volk.

T.B. Joshua is een man die onscheidbaar is van zijn boodschap. Hij zegt in essentie dezelfde dingen wanneer hij staat te spreken in een zondagdienst of wanneer hij één op één met je spreekt. Hetzij voorbereid of onvoorbereid, hij spreekt dat uit waarop hij mediteert. Als je erachter wilt komen hoe hij denkt of wilt weten of hij een specifieke boodschap voor je heeft, dan hoef je meestal alleen maar aandachtig te luisteren naar wat hij publiekelijk zegt. Niets is verborgen. Het geheim van zijn bediening is een open geheim.

Een boodschap die we in het begin hadden gehoord was getiteld *Spreek wat je gelooft*. Voor T.B. Joshua is dit niet een slogan maar een simpele beschrijving van hoe hij communiceert. Je kunt erachter komen wat je werkelijk gelooft (in plaats van wat je denkt dat je gelooft) door je dagelijkse gedrag te observeren en te luisteren naar je alledaagse gesprekken. Voor velen van ons is dit vaak anders dan wat we belijden te geloven. Maar de twee moeten samenkomen als we werkelijk enige impact ten goede willen maken.

Een goed voorbeeld is onze benadering tot gebed. De volgende karikatuur is om aan te geven hoe we het maar al te vaak doen. Het gaat als volgt: We bereiden onszelf voor, we reizen af naar de samenkomst en dan bidden we hardop, gelovend dat (als we ín geloof bidden) God ons gebed hoort. Maar T.B. Joshua maakt een duidelijk onderscheid tussen het bidden van gebeden en het opzeggen van woorden. Hij legt uit dat we te allen tijde in een houding van gebed moeten zijn. Hij legt uit dat het gebed dat resulteert in genezing, bevrijding en wonderen in zijn bediening niet datgene is wat hij hardop uitspreekt, maar het gebed dat hij constant aanbied in zijn hart. In het geval van het gebed voor allen, bekend als het massagebed, daar voegt het gesproken woord van gezag toe aan het constante gebed van het hart en brengt resultaat. Wees genezen! Wees bevrijd!

God hoort het gebed van het hart, niet alleen het gebed van de stem. En als je hart niet vrij is van bijvoorbeeld zorgen of aanstoot, dan maakt het niet uit hoe indrukwekkend de woorden van het gebed dat je spreekt zijn. Jij zult dan jezelf horen, en zij die rondom je zijn zullen jou horen, maar God zal jou niet horen.

Het is hetzelfde met onze wil om Jezus te volgen. Het is een ding om te zeggen dat we Jezus willen volgen, maar iets anders om het te menen met ons hele hart. Zonder die verbintenis vanuit het hart zullen we de proeve des tijds niet doorstaan. Zoals de man van God het heel dramatisch verwoorde tijdens een preek in 2017:

> Ik besloot om Jezus te volgen en ik meende het met mijn hele hart. Als ik het niet meende dan zou je nu naar mijn begraafplaats wijzen, of je zou de historie vertellen dat er ooit een kerk was met de naam de SCOAN.[58]

Je kunt God niet voor de gek houden. Christen zijn is niet een prestatie, maar een relatie. Mensen kijken naar wat we doen, maar Jezus ziet waarom we het doen. Mensen zien de handeling, maar God ziet het motief achter de handeling.

Zoals T.B. Joshua het ook heeft verwoord:

> "Jezus Christus streefde er nooit naar om er goed uit te zien; hij was eenvoudigweg goed."

Een andere manier om ernaar te kijken is dat het allemaal om liefde gaat:

> "Liefde is de werkelijke maatstaf van ware geestelijkheid."

Door zijn voorbeeld te observeren en te luisteren naar zijn boodschappen over liefde, zagen we in dat een bepaald kenmerk van liefde is dat het gaat over het hier en nu – het heden. Liefdadigheid is de natuurlijke uitkomst van een hart dat is vrijgezet door Gods liefde en vergeving. Om lief te hebben moet je actueel blijven, je moet alert zijn, je moet je hart ontlasten. Je zult jezelf liefhebben omdat God je liefheeft en je zult je naaste liefhebben als jezelf.

Emmanuel school Pakistan

> "God heeft mensen om jou te ontmoeten in de plaats van jouw opdracht."

---

58 *Acting on the Word*, T.B. Joshua, zondagdienst op 14 mei 2017

Een man van het volk

Dit woord van wijsheid van T.B. Joshua, reflecterend op het verhaal van Jozef, zou waar zijn voor onze reizen en vooral voor onze connectie met Pakistan.

Tijdens onze Russische reizen met het Zalvingswater werden we in contact gebracht met een pastor uit Pakistan. Door communicatie via Skype gaf hij aan dat hij naar video clips van profeet T.B. Joshua had gekeken en onder de indruk was geraakt door de kracht van God in actie te zien. We kwamen erachter dat zijn kerk zich in een zeer nederig gebied bevond. De richting die we van onze mentor hadden ontvangen was om van land naar land te gaan en dus accepteerden we een uitnodiging om op bezoek te komen om een aantal genezingsdiensten te houden. In zekere zin gingen we het onbekende tegemoet.

Ons afvragend wat voor potentiële uitdagingen en avonturen er voor ons lagen, zonden we op de vluchthaven van Dubai een email naar de SCOAN om door te geven dat we op het punt stonden om in te stappen naar Pakistan. We kregen snel een email terug met een bericht van profeet T.B. Joshua waarin stond dat hij voor ons aan het bidden was. We wisten dat hij dat deed, maar om dit te horen maakte het verschil.

De Engelssprekende bisschop Asif Jamali en zijn broer eerwaarde Khalid Jamali kwamen ons ophalen van de luchthaven. Toen het gehuurde voertuig de nauwe middeleeuws aandoende straten indraaide van Asif Town in Lahore, wisten we nog niet dat dit het begin zou zijn van een blijvende relatie. De kerkleden en de lokale gemeenschap zouden T.B. Joshua leren kennen als een papa die zorg had voor hun lichamen, of ze genoeg te eten hadden, en ook zorg had voor hun geestelijk leven.

Bisschop Asif Jamali vertelt zijn kant van het verhaal:

> "Ik was een pastor sinds 1999, maar ik was als klinkend koper. Ik was leeg en enkel lawaai aan het maken – dienend en prekend maar zonder de kracht van zalving. Mensen kwamen naar de kerk, namen deel aan de samenkomsten, maar er was geen echte vooruitgang of groei. Intussen hoorde ik vanuit Rusland over T.B. Joshua en ik keek naar video's op YouTube. En ik vroeg mij af hoe God deze man van God gebruikte. Toen kwamen evangelisten broeder Gary en zuster Fiona in mei 2011 naar Pakistan met

Zalvingswater. God werkte in de levens van honderden mensen. Wonderen vonden plaats in de Naam van Jezus Christus. Ik was verrast!

Ik bleef bidden om deze grote man van God eens te mogen ontmoeten. Op een dag ontving ik onverwacht een telefoontje van de man van God T.B. Joshua, die met mij sprak en mij uitnodigde om hem te ontmoeten. In november 2011 kwamen broeder Gary en zuster Fiona wederom naar Pakistan, en toen we erop uit gingen om te bidden zagen we vele kinderen die niet naar school gingen."[59]

Tijdens dit tweede bezoek aan Pakistan ontmoetten we een 10-jarige jongen die om gebed voor een doorbraak vroeg om wat geld te kunnen verdienen, zodat hij kon helpen met het ondersteunen van zijn familie. Toen we dit duidelijke voorbeeld van armoede zagen herinnerden we ons een principe dat we hadden gezien en gehoord in T.B. Joshua. Er zijn twee kanten aan het Evangelie – de boodschap van eeuwige redding door alleen in Christus te geloven en het gebod om je naaste lief te hebben, ongeacht hun religie, cultuur of geloofsovertuiging.

"Het betonen van liefde aan de hulpbehoevenden alleen is niet genoeg om ons tot redding te brengen, maar het vormt de basis voor het beoordelen van ons niveau van vriendelijkheid, want de ander kant opkijken terwijl je naaste in de problemen zit is gelijk aan het afwijzen van Christus zelf."

Volgend op onze ervaring met deze jongen en observerend hoe weinig van de vrouwen die aan de samenkomsten deelnamen geleerd hadden om te lezen, begonnen we met bisschop Asif Jamali te overleggen over de mogelijkheid van een liefdadigheidschool. Dit om te voorzien in gratis onderwijs van hoge kwaliteit in de lokale gemeenschap. We begonnen na te denken hoe we aan T.B. Joshua konden voorstellen om de hele school financieel te sponsoren terwijl onze gastheer enkele voorlopige plannen uitwerkte.

Ondertussen was er de mogelijkheid om namens Emmanuel TV enkele benodigdheden aan de weduwen te geven. De dames van de lokale gemeenschap in Pakistan, met hun kleurrijke kleding en losjes gedragen

---
59 Persoonlijke communicatie

Een man van het volk

hoofddoeken, waren zo dankbaar voor de grote zakken met bloem die ze ontvingen. Namens Emmanuel TV waren we ook in staat om enkele individuen te zegenen met naaimachines om te helpen met het generen van wat inkomsten.

We zonden een aantal foto's van dit liefdadigheidswerk

Weduwen in Pakistan ontvangen geschenken, zakken bloem en naaimachines

naar het team van de SCOAN in Lagos. Tot onze verrassing ontvingen we een persoonlijk telefoontje van T.B. Joshua die ons bemoedigde en ons beloofde om een gift van $10.000 te sturen om deze hulpbehoevende gemeenschap verder te assisteren. Kort daarna kwam er een telefoontje van de financiële afdeling van de kerk om ons te informeren dat de gift was verhoogd naar $20.000.

In die tijd toen we aan het wachten waren op bisschop Asif Jamali om wat praktische voorstellen en kosten voor te bereiden, hadden we het project van een potentiële school nog niet benoemd naar T.B. Joshua en ook niet naar het team. De spontane gift voor niet-geïdentificeerd liefdadigheidswerk bleek het exacte bedrag te zijn dat nodig was voor het project om de school te bouwen. Deze zou bestaan uit zeven klaslokalen gebouwd bovenop de kerk Schild van Geloof. Geen langdurige discussies of comité vergaderingen – Emmanuel School was bovennatuurlijk geboren!

Inauguratie van Emmanuel school in Pakistan op 9 maart 2012

Bisschop Asif Jamali pikt het verhaal weer op:

"De bouwwerkzaamheden begonnen. De mensen in dat gebied waren opgewonden. Het gebouw was voltooid en nu moest de school een naam krijgen. Voor de inauguratie ceremonie op 9 maart 2012 gaf T.B. Joshua de naam Emmanuel School.

Onmiddellijk na de inauguratie reisde ik met broeder Gary en zuster Fiona naar de SCOAN in Nigeria. Dit was mijn eerste bezoek. Ik boog nederig voor de Heere en bad dat God deze zalving ook naar Pakistan zou zenden. Het was voor mij een zegen om meegenomen te worden naar de Gebedsberg, waar ik in dezelfde boot zat als de man van God, T.B. Joshua. Hijzelf bestuurde de boot. In de gebedsrij werd er voor me gebeden. En toen ik op het punt stond om terug te keren ontmoette ik T.B. Joshua, de man van God, en ik dankte hem voor de school.

De man van God legde zijn handen op mijn hoofd en bad. Drie maal bad hij voor mij en zegende mij. Toen ik het kantoor verliet was het alsof er een groot vuur van de Heilige Geest in mij brandde. Ik zat daar en dronk tien glazen water! Toen ik terugkeerde naar Pakistan waren de mensen van mijn kerk aan het wachten op de zegen. God veranderde mijn leven en bediening door middel van T.B. Joshua. Nu komen er hordes mensen en ze worden gezegend. Mijn bediening, mijn kerk en mijn familie zijn gezegend en vruchtbaar. Moge God de man van God nog meer zegenen."

De hele ervaring met de school was een enorme zegen! T.B. Joshua en Emmanuel TV partners financierden ook wat extra land om naast de school een speelterrein te maken en bleven jaar in jaar uit de bedrijfsvoering van de school ondersteunen.

Een bomaanslag in Peshawar

Er waren vele voorbeelden van giften die onbezongen bleven; de gewone gang van zaken.

Terwijl de live dienst op Emmanuel TV op 22 september 2013 op het punt stond om te beginnen, ontvingen we een telefoontje uit Peshawar, Pakistan. We hadden Peshawar, dichtbij de grens met Afghanistan, het vorige jaar op uitnodiging van eerwaarde Samson van De Kerk uit Pakistan bezocht om een grote openlucht genezingsdienst te houden met het Zalvingswater.

De stem aan de telefoon probeerde kalm te blijven. Het was eerwaarde Samson, "Mama Fiona heb je het nieuws gezien? Er is een bomaanslag; ze zijn nog steeds mensen aan het redden, velen hebben gebroken

Een man van het volk

ledematen en er zijn veel doden."

Gary checkte onmiddellijk het Pakistaanse nieuws en het was inderdaad een calamiteit. Het was de dodelijkste aanval op de christelijke minderheid in de geschiedenis van Pakistan. De dubbele zelfmoordbomaanslag had plaatsgevonden in de Allerheiligen Kerk – onderdeel van De Kerk van Pakistan, wiens bisschop ons het jaar daarvoor zo hartelijk had verwelkomd.

Hulpactie gesteund door T.B. Joshua in Peshawar

Eerwaarde Samson was aanwezig in de dienst maar was ongedeerd. Hij probeerde nu wat noodhulp te coördineren. Wat konden wij doen? We kregen het voor elkaar om T.B. Joshua aan de lijn te krijgen ook al was hij zich aan het voorbereiden voor de dienst. Zijn onmiddellijke reactie was: "Kun je het geld veilig bij hen krijgen? We willen $10.000 geven." Later sprak hij persoonlijk met eerwaarde Samson.

Daarna toen we in januari 2014 in de SCOAN waren, gaf T.B. Joshua ons nog eens $5.000 om persoonlijk aan eerwaarde Samson te geven om de slachtoffers van de bomaanslag verder te kunnen helpen.

Hulp na de aardbeving in Ecuador

We waren net een project aan het afronden in het VK om specialistische computerapparatuur in te kopen voor Emmanuel TV toen we een telefoontje van de SCOAN kregen. Een evangelist kwam aan de lijn net toen we aan het bepreken waren wat de volgende stap in ons leven zou zijn. Gods timing is verbluffend. De evangelist zei: "Blijf aan de lijn voor de man van God." We namen deze telefoontjes zeer serieus en Fiona vouwde biddend haar handen in elkaar. Een joviale stem: "Hoe gaat het met jullie?" (God zij dank voor een goede verbinding) en toen kwam het: "Jullie zouden naar Ecuador moeten gaan." Toen was het telefoontje voorbij. God zou ons naar de volgende stap leiden.

Het was 21 april 2016, kort na de enorme aardbeving in Ecuador van 16 april 2016.

Volgend op een korte trip naar de SCOAN om erop toe te zien dat de computerapparatuur daar veilig aan zou komen, arriveerden we in Ecuador met slechts enkele telefoonnummers van potentiële contactpersonen. Een Emmanuel TV teamlid, een van de evangelisten in training, kwam zich 24 uur later bij ons aansluiten vanuit Colombia. Ons eerste avontuur was een nachtelijke lokale busreis naar de zwaar getroffen stad Portoviejo.

Een bezoek aan Portoviejo in Ecuador in navolging van de aardbeving in 2016

Een kennis van een van onze contactpersonen ontmoette ons om die dag met ons rond te rijden langs de getroffen gebieden. We zaten samengepropt op een eenvoudige bank en zagen het gezicht van de bestuurder veranderen toen hij een telefoontje kreeg dat zijn leven zou veranderen. Het was van de overheid die een grote betaling vrijgaf die ze hem schuldig waren vanwege een overheidscontract.

Onze chauffeur, want dat was hoe hij aan ons werd geïntroduceerd, zag dit als een machtige doorbraak en geloofde dat het kwam omdat hij een team assisteerde die zijn volk wilde helpen en dat gezonden was door T.B. Joshua. Deze man vertelde ons toen dat hij een architect was. Later ontdekten we dat hij best een prominente architect was, maar hij was niet te trots geweest om zich aan te bieden als onze chauffeur. Hij zou vervolgens de architect worden voor het project van het herbouwen van de school. Het was bovennatuurlijk. God was erbij betrokken.

Het was geen eenvoudige zaak om uit te vinden hoe we de hulp van Emmanuel TV rechtstreeks naar de getroffen mensen konden krijgen. Maar onze mentor ondersteunde in gebed en we ontvingen een telefoontje met een bericht van hem dat we nauw zouden moeten samenwerken met de overheid.

We slaagden erin om een audiëntie te krijgen bij de gouverneur van de provincie Esmeraldas. We vroegen haar of zij wist of er een gemeenschap was die zwaar getroffen was door de aardbeving en die nog niet veel hulp had ontvangen. Ze verwees ons naar het indianendorp San Salvador de

Een man van het volk

los Chachis, gelegen diep in het regenwoud.

De volgende dag, zittend in een eenvoudig voertuig, reden we urenlang door simpele dorpjes. We waren gekleed als voor een vergadering op kantoor met ongeschikt schoeisel voor de wildernis en we waren volledig onvoorbereid op wat voor ons lag.

De ruige weg verlatend draaiden we een paadje op, ons krampachtig vasthoudend terwijl de auto voort stuiterde. We stapten uit de auto en we namen plaats in een eenvoudige kano. Hierin zaten we de volgende twee uur in de stromende regen voor een reis over de rivier. De kano zonk bijna, zo voelde het in ieder geval. De lange bladerrijke takken van reusachtige bomen bogen zich over de rivier en er waren stromingen in het water. We vroegen ons een beetje ongemakkelijk af of er krokodillen zouden zijn. Maar ergens binnenin Fiona's geest kwam er een ongelofelijke opwinding naar boven:

Eerste kanotocht naar San Salvador de los Chachis

"Bevind ik mij werkelijk in een kano in een regenwoud om een indianenstam te ontmoeten? Hoe wonderlijk is dat? Ik kan me niet herinneren dat ik ooit zo doorweekt ben geweest en dat er nog urenlang geen mogelijkheid is om op te drogen."

We ontmoetten de Chachi gemeenschap, zagen de verschrikkelijke omstandigheden, hoorden over de school die zwaar beschadigd was en begonnen toen in de kano aan de terugreis. Kort daarna zou er een ernstige naschok zijn en nog meer van de school zou instorten.

De hoofdlijnen van het hulpproject begonnen bij elkaar te komen – voedsel en hygiënische hulp voor de kampen van de overheid met ontheemde personen, en een of andere vorm van steun voor de Chachi gemeenschap. De voedsel

San Salvador na de aardbeving

en hygiënische hulp zou worden ingekocht in Colombia waar een aantal kerken had aangeboden om Emmanuel TV te helpen, en dus gingen we naar Bogota om het voedsel te bestellen en het transport te organiseren.

En toen waren er nog wat last-minute haperingen. Gary die bij het team in Bogota was legt het uit:

De avond voorafgaand aan het vertrek naar Ecuador moest het vrachtvliegtuig, met de Emmanuel TV sticker er al opgeplakt, ongepland op een spoedmissie. Midden in de lucht viel de sticker eraf! Er was een vertraging van twee dagen terwijl wij een andere sticker kochten en samen met de luchtvaartmaatschappij bekeken hoe deze beter te bevestigen.

Maar deze tegenslag bleek een geschenk van God te zijn. Het voorzag in net genoeg tijd voor het team dat in Ecuadors hoofdstad Quito wachtte. Zo konden we de ontvangstformaliteiten op de luchthaven regelen en veiligere voorzieningen treffen voor het transport van de kostbare lading voedsel. Fiona merkt op:

Tijd was van essentieel belang aan de Quito kant, want na het wachten op de noodzakelijke toestemmingen om op de landingsplaats aanwezig te zijn, hadden we te maken met het verkeer in Quito terwijl er nog maar weinig tijd was.

We belden Gary die al met de piloten in de cockpit van het vliegtuig zat: "Kun je nog even wachten? We zijn aan de late kant om op tijd op de luchthaven te zijn." Zijn antwoord was een ferm "Nee, we taxiën al naar de startbaan!"

Onze chauffeur reed als Jehu (2 Koningen 9:20) en we bereikten net op tijd de landingsbaan om het Emmanuel TV vrachtvliegtuig te zien landen. De lokale cameraman kon nog net op tijd zijn camera pakken. Wat een moment!

Een man van het volk

Aankomst in Quito van het vrachtvliegtuig met Emmanuel TV hulpgoederen

Hierna volgde de gecompliceerde administratie om onze goederen veilig in het opslagdepot van de douane te krijgen, ze te vrijwaren, en ze vervolgens in twee legertrucks te laden. Met dank aan het Ecuadoraanse leger dat voorzag in de trucks en chauffeurs om de goederen veilig te transporteren naar het door de aardbeving getroffen gebied.

Nadat onze grote voorraad goederen veilig was aangekomen in het lokale opslaggebied van Emmanuel TV, bezochten we de officiële noodplanvergadering van de overheid. We lichtten toe dat we nauw wilden samenwerken met de overheid, maar dat we zelf de distributie van de goederen wilden doen. Aan God zij de heerlijkheid, er werd een goede planning uitgewerkt. De door T.B. Joshua gezette doelen om met de overheid samen te werken, om het vrachtvliegtuig binnen te brengen, en om de distributie van de hulpgoederen te overzien om er zeker van te zijn dat het bij de juiste mensen terecht kwam, waren aan het uitkomen. In het begin leek het onmogelijk, maar nu was het voor onze ogen aan het gebeuren.

Emmanuel TV team met de gouverneur van de provincie Esmeraldas

Gary geeft commentaar op wat een regelmatig kenmerk lijkt te zijn geworden van dit soort geloofsavonturen:

Een combinatie van extreme uitdagingen en extreme zegeningen. Er komt altijd een moment dat er zich een reëel risico voordoet waardoor het project niet zou kunnen doorgaan, maar door stand te houden brengt God de juiste persoon of verandert iemands houding – en dit is vaak op het allerlaatste moment!

Toen we met de voedselvoorraden de georganiseerde kampen bezochten arriveerden we precies op het moment dat hun eigen voorraden opraakten. In een van de opvanghuizen waren de dames in de gemeenschappelijke keuken zeer enthousiast bij het zien van de grote hoeveelheid verse groenten en knoflook om hun sobere maaltijden op smaak te brengen.

Een nieuwe school in het regenwoud

Dus wat nu? Nou we wisten dat de Chachi een school nodig hadden. Toen het plan van de architect eindelijk binnenkwam bleek het behoorlijk groter en beter dan het vorige gebouw. Het nieuwe plan betrof een gebouw van hoge kwaliteit dat een kleuterschool en een lagere en middelbare school zou huisvesten met in totaal 14 klaslokalen. Verder ook een keuken, eetzalen, een lerarenkamer, een administratiekantoor, een kleine computerruimte en een wetenschapslaboratorium. Het was duidelijk dat het budget op z´n minst het dubbele zou zijn dan de geraamde getallen die we initieel met het Lagos team hadden besproken – hetgeen al meer was dan dat het voedseldistributieproject tot dusverre had gekost.

De hele toekomst van de gemeenschap hing af van deze school en T.B. Joshua, bewogen door hun hulproep, verbond zich om het ambitieuze nieuwe gebouw te financieren. De architect stemde ermee in om zijn bedrijf te laten fungeren als hoofdaannemer, hetgeen een sterke verbintenis was sinds het bezoeken van de Chachi meer dan tien uur reistijd van zijn kant vereiste. Voor het eigenlijke bouwproject, dat vele maanden in beslag nam, was het nodig dat er het grootste deel van de tijd een projectleider ter plaatse aanwezig was in het regenwoud. De architect doneerde zijn eigen tijd om zijn dank te uiten naar God voor zijn eerdere doorbraak.

Voorbereiding om terug te gaan vanuit San Salvador met de kano

Een man van het volk

In het dorp San Salvador de los Chachis was er geen dekking voor mobiele telefoons, er was enkel een landlijn. Men moest urenlang rijden naar de aankomstplek en dan hopen dat het bericht in het dorp was aangekomen en dat de kano's klaarstonden. En dan voor de terugreis moest men San Salvador vroeg verlaten om op tijd terug te zijn op de hoofdweg vóór zonsondergang. Dus het was een behoorlijke onderneming als je voor een bezoek van slechts een uur naar San Salvador wilde gaan.

Gary en de architect bespreken de plannen voor de nieuwe school

De architect voltooide het uitgebreide schoolplan en we dienden het in bij de onderwijsafdeling van de overheid. Net op tijd voordat de noodhulp periode van twee maanden werd afgesloten. Het was alleen tijdens zo'n noodtoestand dat externe hulp voor zo'n project werd toegelaten door de overheid. Het plan werd goedgekeurd, maar toen waren er bureaucratische vertragingen op lokaal niveau die het hele project hadden kunnen bedreigen. Echter we ervaarden opnieuw Gods voorzienigheid. Een 'toevallige ontmoeting' met de toenmalige vicepresident van de natie (Jorge Glas) hielp om de weg vrij te maken. En tot groot nut van de indiaanse Chachi gemeenschap en de 300 leerlingen kwam de school er.

Het team ontmoet de vicepresident van Ecuador

De grote opening van de school!

Vanwege toegangsproblemen en het weer nam het project om de school te herbouwen vele maanden in beslag. Maar net een jaar nadat de vorige school ernstig beschadigd werd door de aardbeving, was het nieuwe gebouw klaar voor een officiële openingsceremonie. T.B. Joshua reist

Een militair welkom in Ecuador voor dhr. en mevr. Joshua

zelden, maar hij besloot om naar Ecuador te komen om persoonlijk de school te openen.

De planning was complex vanwege de moeilijke toegankelijkheid naar de school. Er waren twee openingsceremonies – een in Quito voor allerlei hoogwaardigheidsbekleders en een op de school zelf. Het vraagstuk hoe T.B. Joshua de reis naar de school zou kunnen maken was niet eenvoudig vanwege logistieke problemen. Het leger bood aan om in een helikopter te voorzien, maar dat zou te gevaarlijk zijn geweest vanwege de frequente nevel en de optrekkende mist in het Andes gebergte en niet te vergeten de zware tropische regens. Uiteindelijk zou hij vanuit Esmeraldas over de weg reizen en zelfs dat ging gepaard met significante moeilijkheden – wat er toe leidde dat hij samen met het team een lange afstand door de modder moest lopen, hetgeen erg vermoeiend was.

T.B. Joshua gaat te voet verder naar de school

Op de ochtend van de openingsceremonie van de school waren wij deel geweest van een voorbereidingsteam dat er maar net in geslaagd was om de hele reis naar de school met een 4x4 voertuig af te leggen. In navolging van het schoolproject had de overheid het pad bij de rivier naar San Salvador verbreed en op de paar dagen dat het droog genoeg was kon de reis met de auto worden gemaakt. Echter terwijl de gasten samenkwamen bij de school nam de wind toe – een zeker teken dat de regen op komst was. En deze kwam in stortbuien. Zonder dekking van het telefoonnetwerk hadden we geen idee wat er gebeurde met T.B. Joshua en de rest van het team. We begonnen te denken dat het hele evenement misschien moest worden afgeblazen toen een van de Chachi naar ons toerende en zei: "Ik heb jullie meester daarboven langs het pad zien lopen!" Na aankomst ging hij min of meer meteen over tot de ceremonie. Het was leerzaam

Een man van het volk

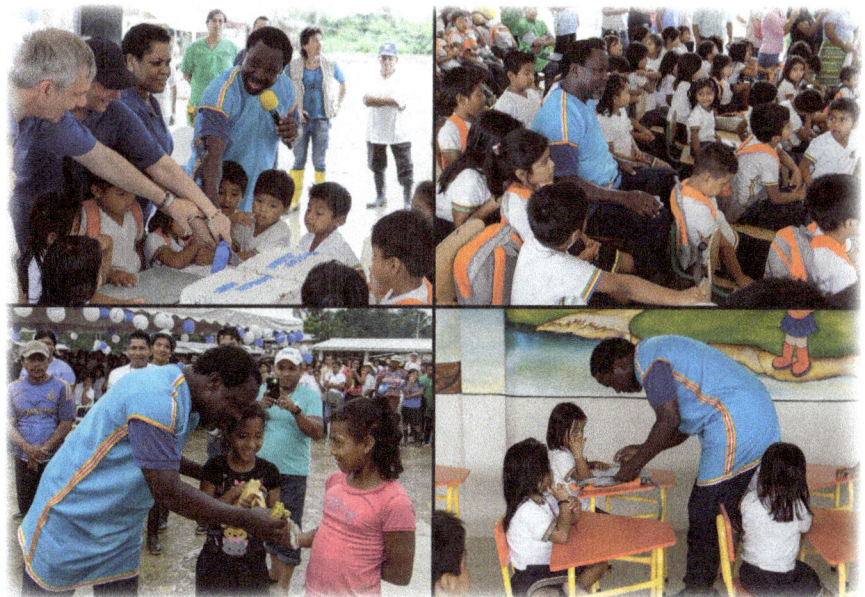

De opening van de nieuwe school in Ecuador in 2017

om te observeren hoe deze indianengemeenschap, relatief onaangeraakt door Westerse normen, instinctief respect toonde voor de man van God. Ze leken te begrijpen dat dit een ongewoon persoon was die dicht bij God stond. Toen we meer dan een jaar later de school bezochten voor een vervolgproject, stonden we perplex toen een van de leiders van de gemeenschap respectvol een aantal van T.B. Joshua's bemoedigende woorden van de openingsceremonie aan ons herhaalde.

T.B. Joshua had tijdens dat korte bezoek persoonlijke omgang met de mensen. Hij droeg trots de traditionele Chachi tuniek die hem gepresenteerd werd, at het lokale voedsel en toonde grote interesse in de uitdagingen van de boeren. Hij zat temidden van de kinderen en bezocht persoonlijk elk klaslokaal en schreef: "Jezus houdt van jullie" op de schoolborden.

Zijn terugreis uit het regenwoud was ook een moeilijke, waarbij hij nog meer door de modder moest lopen. Hij bracht zelfs een onverwacht bezoek aan een houten huis van een van de lokale boeren.

Hij is doorgegaan met het ondersteunen van de school. Een voorbeeld hiervan is het volledig inrichten van het computerlab en het sponsoren van de beste student om naar de universiteit te gaan.

Een blijmoedige gever

Het ondersteunen van de Bloem van Gerechtigheid in Southampton

Er zouden over de hele wereld uitingen zijn van liefdadigheid van Emmanuel TV. Het VK had geen tekort aan mensen met allerlei noden en het samenwerken met Bob van stichting De Bloem van Gerechtigheid in Southampton was een plezier en een eer voor ons als deel van het Emmanuel TV liefdadigheidsteam in het VK.

Bob, een voormalige drugsverslaafde wiens leven door Jezus werd gered, was toegewijd aan het dienen van zijn naaste. Hij bezocht de SCOAN met een groep in de beginjaren en ontving volledige genezing van ernstige rugpijn (sciatica). Hij vertelt zijn verhaal in zijn eigen boek:

> Ik had in een jaar tijd vijf keer bloed in mijn urine gehad en de doktoren konden er niet achter komen wat ik mankeerde. Ik had veel pijn in mijn rug en ik nam pijnstillers. Toen T.B. Joshua kwam om voor mij te bidden zei hij: "Dit is allemaal verbonden met jouw verleden." Hij raakte me niet eens aan, maar ik viel op de vloer en er was hitte over mijn hele lichaam. Ik was op m'n knieën, mijn gezicht naar beneden, en ik kon niet opstaan vanwege de kracht van de Heilige Geest! Vervolgens bad hij even later opnieuw en zei: "Vader, maak hem los van het verleden!" Al de pijn verliet toen onmiddellijk mijn lichaam.[60]

Hij sprak over zijn genezing met de bewoners in de sociale woonwijk waar hij optrad als straatpastor, mentor en vriend van de armen. T.B. Joshua zond ook het Emmanuel TV team om regelmatig liefdadigheidsprojecten in de wijk uit te voeren. Het resultaat was dat veel kansarme mensen T.B. Joshua zagen als een man van het volk die, hoewel duizenden kilometers ver weg, zich kon inleven in hun noden.

De blijvende boodschap van T.B. Joshua over liefdadigheidswerk is dat het vanuit een vrije geest moet zijn. Het liefdadigheidswerk van Emmanuel

---
[60] Light, B. (2018). *This is My Offering.* New Life Publishing. p. 86

Een man van het volk

TV wereldwijd zou zonder verplichtingen zijn. Dat wil zeggen zonder een bepaalde reactie te verwachten van de ontvangers of de lokale liefdadigheidsinstellingen waarmee we zouden samenwerken. Dit werd zeer gewaardeerd. En zo was het mogelijk om met blijdschap te werken met de overheid en hen die niet hetzelfde geloof als ons hadden.

Voorzien in lokaal voedsel en essentiële benodigdheden voor slachtoffers van de overstroming in Laos

Er zijn altijd veel projecten geweest waarbij in lokaal voedsel werd voorzien, variërend van de plakkerige vis die werd gewaardeerd door hen die in Laos werden geholpen, de grote zakken bloem in Lahore en de traditionele roomthee die zo geliefd is bij de Engelse gepensioneerden. Emmanuel TV werkt met fijngevoeligheid en geeft een voorbeeld aan de kijkers om zelf in hun lokale gebieden de hulpbehoevenden te vinden en na te gaan hoe ze kunnen helpen, zelfs als dit heel klein begint.

Emmanuel TV sponsort een traditionele Engelse roomthee voor de ouderen

De boodschap van T.B. Joshua, die gepassioneerd is over het geven aan anderen, is duidelijk:

"Iedereen heeft iets om te geven. Er is altijd iemand die jou nodig heeft ongeacht hoe weinig jij zelf hebt."

Heb je naaste lief

Jezus kent ons niet door onze naam, maar door onze liefde. Dit hoofdstuk eindigt met een preek die het hart van deze man van het volk weergeeft. Liefde is geen gevoel, maar een praktische verantwoordelijkheid voor alle christenen.

HEB JE NAASTE LIEF

T.B. Joshua, de SCOAN zondagdienst, 9 Juni 2019

De grootste in de ogen van God is degene die zijn naaste liefheeft.

"Als iemand zou zeggen: Ik heb God lief, en hij zou zijn broeder haten, dan is hij een leugenaar. Want wie zijn broeder, die hij ziet, niet liefheeft, hoe kan hij God liefhebben, Die hij niet gezien heeft? En dit gebod hebben wij van Hem, dat wie God liefheeft, ook zijn broeder moet liefhebben." (1 Johannes 4:20-21)

God meet onze levens door onze liefde voor Hem en voor onze naaste. Jij kunt God niet liefhebben zonder je naaste lief te hebben. God weet dat als jij je naaste niet werkelijk liefhebt, je Hem niet kunt liefhebben. Jouw naaste kan je vijand zijn of hen die niet hetzelfde geloof als jou hebben. Laten we elkaar liefhebben ongeacht onze religie of ras, want liefde komt van God. Een ieder die niet liefheeft kent God niet, want God is liefde (1 Johannes 4:7-8, 11-12).

Hoe kunnen we onze liefde voor God meten? Door de praktische dingen in ons leven. We meten onze liefde voor God door het aantal keren dat we dagelijks liefdevol aan Hem denken, door de mate van honger die we hebben om Zijn Woord te lezen. Ik bedoel de hoeveelheid tijd die we apart zetten om Zijn Woord te lezen, de blijdschap waarmee we Zijn Woord in onze handen nemen wanneer we alleen met Hem zijn. Hoe meer we Hem liefhebben, hoe kostbaarder Zijn Woord voor ons word. Als jij Jezus genoeg liefhebt dan zal je er een gewoonte van maken om te zeggen: "Ik hou van U Jezus"; wanneer je naar een andere kamer loopt zeg dan: "Ik hou van U Jezus"; wanneer jij je auto instapt zeg dan: "Ik hou van U Jezus"; wanneer je stopt bij de verkeerslichten zeg dan: "Ik hou van U Jezus". De eerste persoon waar jij 's ochtends aan denkt en de laatste persoon waar je 's avonds aan denkt zou Jezus moeten zijn.

Hoeveel dingen heb je aangepast in je leven vanwege je liefde voor God? God zegt dat we niet moeten liegen; jij bent gestopt met liegen omdat je ernaar verlangt om Hem te behagen. Jij bent gestopt met vernielingen aan te richten omdat je ernaar verlangt om Jezus te behagen, enzovoort. Hoe gebruik jij je geld? Hoe bezuinig jij zodat je meer aan de hulpbehoevenden kunt geven? Hoe gebruik jij je vrije tijd omdat je Jezus liefhebt?

Een man van het volk

Hoe stel jij je prioriteiten bij vanwege jouw liefde voor Jezus?

Wat is het weinige waarmee jij probeert anderen te zegenen vanwege jouw liefde voor Jezus? Hoe vaak zeg jij: "God zegene jou", hoe vaak glimlach jij opzettelijk naar anderen omwille van Jezus? Hoe vaak probeer jij een glimlach op jouw gezicht te houden als je door de straat rijd, als jij een winkel binnenloopt, omwille van Jezus? Hoe meer jij God liefhebt, des te meer heb jij je naast lief.

"Als u Mij liefhebt, neem dan Mijn geboden in acht. En Ik zal de Vader bidden, en Hij zal u een andere Trooster geven, opdat Hij bij U blijft tot in eeuwigheid." (Johannes 14:15-16)

Hoe hebben we God lief? Door te doen wat God wil. We tonen onze liefde voor hem niet alleen met woorden, maar met daden en in waarheid; dat is de manier waarop jij je liefde kan laten zien. Het is niet alleen naar de kerk komen, dansen of je Bijbel lezen; als jij God liefhebt neem dan Zijn geboden in acht. Hoe nemen we Gods geboden in acht? We worden bevolen om lief te hebben.

God vraagt niet of jij zin hebt om lief te hebben. Als christen is het onze verantwoordelijkheid om elkaar lief te hebben. Wat ons mens maakt is niet ons vermogen om te denken, maar ons vermogen om lief te hebben. Dit betekent dat liefde leven is – als jij liefde mist, dan mis je het leven. Jij moet niet liefhebben om egoïstische, klassieke, of materiële redenen; we moeten beter liefhebben. Als jij beter wilt liefhebben, dan zou je moeten beginnen met iemand die jou haat. Als jij beter wilt liefhebben zou je moeten beginnen met iemand die slechte gevoelens over jou heeft, die niets goeds in jou ziet, die jou bekritiseert; door dit te doen, kopieer je de liefde van Jezus zoals Hij heeft getoond in Lukas 23:34: *"Vader vergeef het hen"*.

Let op het woord ´hen´ want het omvat zowel de overtreder als de gekwetste. Jezus zei met andere woorden: "Zowel de verkeerde als de goede, Vader vergeef hen; zowel de slechte als de goede, Vader vergeef hen." Als je vele mensen liefhebt, maar er zijn enkelen die jij niet liefhebt omdat zij jou haten, slechte gevoelens over jou hebben of jou bekritiseren, dan stelt jouw liefde niets voor.

"U hebt gehoord dat er gezegd is: U moet uw naaste liefhebben en uw vijand moet u haten. Maar Ik zeg u: Heb uw vijanden lief; zegen hen die u vervloeken; doe goed aan hen die u haten; en bid voor hen die u beledigen en u vervolgen; zodat u kinderen zult zijn van uw Vader, Die in de hemelen is, want Hij laat Zijn zon opgaan over slechte en goede mensen, en laat het regenen over rechtvaardigen en onrechtvaardigen." (Mattheüs 5:43-45)

God geeft zonneschijn en regen aan allen, Zijn zegeningen van gezondheid en lang leven aan allen. Hij heeft iedereen lief met dezelfde oneindige liefde waarmee Hij jou liefheeft. Stel jezelf de vraag: "In welke mate is mijn liefde zo?" Er is niets dat ons meer van een persoon doet houden dan voor hem te bidden. Hoeveel van je naasten staan op jouw dagelijkse gebedslijst? Kun jij blij zijn als zij blij zijn? Dat is de vraag voor jou om te beantwoorden.

Liefde bevrijdt ons in het heden. Denk eraan dat problemen zich in het heden voordoen. Het is alleen door middel van liefde dat we in staat zijn om in het heden te reageren op God en op anderen. Om op God te kunnen reageren moet jij eerst jezelf en je naaste vergeven.

Liefde kijkt rond zich heen om te zien wie er in nood is. Als je geen liefde hebt zal jouw geloof niet werken want geloof werkt door liefde (Galaten 5:6). Het betekent dat liefde het belangrijkste is, want het is de kracht die geloof in werking zet.

Als christenen worden we gekend door onze liefde. Dit betekent dat Jezus je niet kent door jouw naam, maar door jouw liefde. Liefde omwille van God wacht niet op een beloning. Als we omwille van God liefhebben dan zaaien we in de Geest, want die liefde die we weggeven is de enige liefde die we behouden.

De snelweg naar de Hemel

"*Als wij alleen voor dit leven onze hoop op Christus gevestigd hebben, zijn wij de meest beklagenswaardige van alle mensen.*" (1 Korinthe 15:19)

Deze woorden uit de Bijbel zijn uitdagend. De meesten van ons zijn zich zeer bewust van dit leven – we willen goede gezondheid, een goed betaalde baan, een mooie plaats om te wonen, een gelukkig gezin, enz., en dit zijn vaak de dingen waar we God om bidden. Maar wat zullen de dingen van dit leven waard zijn op de laatste dag? Zoals C.S. Lewis het omschreef:

> ...wat als de verdovende mist die we natuur noemen of de echte wereld vervaagt en de Aanwezigheid waarin je altijd hebt gestaan tastbaar, onmiddellijk, en onvermijdbaar word?[61]

Zowel de geschiedenis zelf als de geloof vervulde mentoren van weleer vertellen ons dat het leven fragiel is en dat, lang of kort geleefd, we allemaal tot die eindafrekening zullen komen. Hoe kunnen we hierop praktisch reageren, in plaats van het steeds verder naar de achterkant in onze gedachten te duwen?

T.B. Joshua moedigt ons aan om alle rekeningen vandaag te vereffenen:

> "We moeten met iedere dag van ons leven omgaan alsof het onze laatste dag is, omdat onze laatste dag op aarde zo onverwachts kan

---

[61] Lewis, C.S. (1952). *Mere Christianity*. Macmillan. p. 115

komen. Denk eraan dat het leven onzeker is, dat de dood zeker zal komen, dat de zonde de oorzaak is, en Christus de remedie is. Dat het leven onzeker is moet invloed hebben op de manier waarop we vandaag leven."

Hij heeft ons geleerd dat de besluiten die we nemen op de eerste plaats in het voordeel moeten zijn van onze toekomst en niet voor het heden.

> "Het is beter om vandaag te lijden en van morgen te genieten. God is meer begaan met jouw eeuwige heerlijkheid dan jouw huidige comfort."

Er zullen moeilijkheden zijn in deze wereld (Johannes 16:31) – dat is onvermijdbaar. Maar we zouden de moed niet moeten verliezen:

"Want onze lichte verdrukking, die van korte duur is, brengt in ons een alles-overtreffend eeuwig gewicht van heerlijkheid teweeg." (2 Korinthe 4:17)

Deze wereld is niet ons thuis; we zijn slechts op doorreis. Daarom moeten we niet toelaten dat onze situatie onze richting dicteert. Onze zegeningen zouden niet mogen bepalen waar we wonen of wie onze vrienden zijn. T.B. Joshua verhuisde bijvoorbeeld niet naar een welvarender gebied toen de kerk groeide, maar heeft toegestaan dat alleen God zijn paden dirigeerde.

Dit vooruitzicht heeft een diepgaande impact op ieder gebied van het leven. De focus in dit leven is minder op genieten van het heden en meer op trouw blijven tot het einde. Want het is van belang hoe we de race eindigen.

"...op de plaats waar de boom valt, daar blijft hij liggen." (Prediker 11:3)

Zoals de man van God vaak heeft gezegd:

> "De beginner is niet de eigenaar van het werk, maar hij die het afmaakt."

Wanneer de tijd van het oordeel van God komt, dan willen we in een positie van geloof worden gevonden zodat we van de voordelen van eeuwige redding kunnen genieten door Christus Zijn verzoenende offer.

En hoe zit het met onze houding ten aanzien van de dood? Als we geen deel uitmaken van de wereld, en de Hemel ons thuis is, dan is het naar

DE SNELWEG NAAR DE HEMEL

huis geroepen worden niet iets om angstig voor te zijn, maar iets om verwachtingsvol naar uit te zien. Zoals T.B. Joshua het heeft gesteld:

> "De dood voor een gelovige is zijn bevrijding uit de gevangenschap van deze wereld en zijn vertrek naar het geluk in een andere wereld. Zij die vanuit boven zijn geboren verlangen ernaar om daar te zijn."

Vele enthousiaste gelovigen streven naar deze waarheden, maar de realiteit is dat het voorkomt dat we ons best thuis voelen in deze wereld.

Een preek getiteld *Tijd en Seizoen* door T.B. Joshua in maart 2008 hielp ons persoonlijk om die stap van verlangen naar realiteit te maken. Hij onderwees over de teleurstelling van Petrus aan de oever van de zee na een nacht te hebben gevist voordat hij Jezus ontmoette (Lukas 5). Een noodzakelijke stap op de weg naar realiteit is om de leegheid van de wereld te ervaren:

> "Wanneer we spuugzat zijn van onze wereldse zaken en gefrustreerd zijn in onze wereldse aangelegenheden, dan zijn we welkom bij Christus. Denk eraan, zolang de wereld zijn plaats heeft in onze levens, is Christus er buiten geplaatst...Hij staat ons toe om alle wereldse voordelen die we denken te hebben uit te putten zodat wanneer we onze lessen hebben geleerd, we Hem zullen waarderen.
>
> Jezus zou niets met Petrus te maken hebben gehad, als Petrus niet ontvankelijk was gemaakt door de wisselvalligheden van het leven. Hij was de wereld zo beu dat hij er klaar voor was om de superieure orde van Christus te omarmen. In de nieuwe orde van Christus is er vrede, maar niet zoals de wereld die geeft."

We danken God dat we genoeg van de wereld hadden ervaren, waaronder haar succes, om de leegheid ervan te onderkennen. Zoals een hedendaags christelijk lied het stelt:

> *Deze wereld heeft niets voor mij, en deze wereld heeft alles. Alles wat ik zou willen, en niets dat ik nodig heb.*[62]

GEWOON ZOALS IK BEN

Gewoon zoals ik ben, zonder pleidooi

---

62 *This World*. Aaron Tate. ©1994 Cumbee Road Music

Maar dat Uw bloed voor mij vergoten is
En dat Gij mij vraagt tot U te komen
O Lam van God, ik kom, ik kom

Deze beroemde oude hymne waarvan Fiona zich herinnerde dat het gezongen werd op de avond dat ze antwoorde op een oproep tot bekering in 1973, was ook geliefd bij Billy Graham tijdens zijn Evangelie evenementen. Het werd gezongen in de SCOAN in juli 2012 bij de herdenkingsdienst voor president Atta Mills uit Ghana, die overgegaan was in heerlijkheid terwijl hij het hoogste ambt van zijn land bekleedde.

De hymne gaat verder:

Gewoon zoals ik ben, ofschoon heen en weer geslingerd
Met veel conflicten, vele twijfels
Strijdend en angsten binnen en buiten
O Lam van God, ik kom, ik kom

Gewoon zoals ik ben, en niet wachtend
Mijn ziel te ontdoen van enige duistere vlek
Aan U wiens bloed iedere plek kan reinigen
O Lam van God, ik kom, ik kom

Gewoon zoals ik ben, ellendig, blind
Zicht, rijkdom, genezing van geest
Ja al wat ik nodig heb, dat vind ik in U
O Lam van God, ik kom, ik kom

Gewoon zoals ik ben, U zal ontvangen
Zal verwelkomen, vergeven, reinigen, ontlasten
Want Uw belofte geloof ik
O Lam van God, ik kom, ik kom

De kracht en realiteit achter de woorden zijn geboren uit het leven van de schrijfster die in ziekte en in pijn leefde en toch geduldig wachtte op Gods goedheid. T.B. Joshua zegt:

"Zie jouw situatie als een kans om God te eren, net zoals het een kans voor God is om Zijn Naam te verheerlijken."

Veel mensen hadden grote bewondering voor Charlotte Elliott's gezang, zelfs toen ze nog leefde. Kort na haar dood vertelde haar broer de eerwaarde Henry Venn Elliott in vertrouwen aan de gezangen editor Edward Henry Bickersteth:

> "In de loop van mijn lange bediening hoop ik dat mij werd toegestaan om enige vrucht van mijn arbeid te mogen zien, maar ik heb het gevoel dat er veel meer is gedaan door een enkel gezang van mijn zuster"[63]

Waarom het voorbeeld van dit gezang? Omdat Jezus de verborgen offers en reacties op moeilijkheden ziet, niet alleen de handelingen aan de buitenkant of woorden. Het is de kracht achter de handeling die de uitkomst bepaald, niet de handeling zelf.

Zoals T.B. Joshua zijn kerkleden uitdaagde toen hij tot hen sprak op de Gebedsberg in 2006:

> "Waar zal jij om herinnerd worden als je overgaat in heerlijkheid? Waar herinnerde men de apostelen om? Niet om hun vrouwen, kinderen of welvaart, maar om de hoogste prijs die ze betaalden om het Evangelie naar ons te brengen. Je moet herinnerd worden om het doel waarvoor jij werd geschapen."[64]

De snelweg naar de Hemel

Terug naar de herdenkingsdienst voor president Atta Mills. T.B. Joshua gaf een bemoedigende en toch nuchtere boodschap:

> Om in de hemel te komen, moet je de weg van het kruis volgen. De snelweg naar de Hemel begint aan deze kant van de dood, en de ingang is heel makkelijk te vinden. De Bijbel zegt dat iedereen die de Naam van de Heere aanroept gered zal worden.
>
> In Romeinen 10:1-13 verklaart Paulus dat de weg naar de Hemel niet moeilijk te vinden of te betreden is. Bevind jij je op de juiste weg naar de Hemel? Die ligt recht voor je in het Woord van God.
>
> In Johannes 14:6 zei Jezus: *"Ik ben de Weg, de Waarheid en het Leven. Niemand komt tot de Vader dan door Mij."* Hij stierf voor onze zonden

---

[63] Bickersteth E.H. (1872). *Hymnal Companion to the Book of Common Prayer*, Annotated Edition. Sampson Low & Co. Note 114
[64] *Responsible Use of Blessings*. Preek door T.B. Joshua op de Gebedsberg, 2 mar 2006

– brak de kracht van de dood door Zijn opstanding. Je hoeft niet bang te zijn waar je naartoe gaat als je weet dat Jezus met jou meegaat. Je bent niet alleen.

De dood is geen punt, het is slechts een komma dankzij de dood en opstanding van Christus – als jij je geloof in Hem stelt. Iedere dag, zelfs vandaag, kan onze laatste dag hier op aarde zijn. We moeten zeker weten dat we er klaar voor zijn om te vertrekken. Ben jij er klaar voor?

Of je nu jong of oud bent, de genade om hierna verder te leven is wat telt. Een mens kan op jonge leeftijd overlijden en toch verzadigd zijn met leven. Maar een slecht mens is zelfs met een lang leven niet tevreden. God blijven vertrouwen is de enige manier om klaar te zijn voor de dingen waar we nog niet klaar voor zijn.

Als jij bereid bent te sterven, dan ben je bereid om te leven. Ik bid voor jou dat wanneer het tijd is voor jouw vertrek, jij dit zal weten, in Jezus Naam.[65]

WAT IS EEN CHRISTEN?

"Een ware christen is iemand die afhankelijk is van Gods genade en voor zijn redding zijn vertrouwen alleen op Christus stelt."

Dit is de essentie van het christen zijn. Niet een religie, maar een relatie met Jezus Christus door geloof. Het is een relatie die over het graf heengaat, en allen verlost die *"door angst voor de dood gedurende heel hun leven aan slavernij onderworpen waren."* (Hebreeën 2:15)

Profeet T.B. Joshua herinnert zijn luisteraars regelmatig aan de grondbeginselen van het geloof. In zijn boodschap op het paasfeest in 2020, gepreekt vanuit de Emmanuel TV studio, behandelde hij direct de vraag: *Wat is een Christen?*

Als een dienaar van God, heb ik gezien dat mensen talloze redenen geven om zichzelf christenen te noemen. Ze zeggen bijvoorbeeld: "Ik werd als christen geboren, en ik groeide op in de kerk." "Ik ben een christen omdat mijn ouders gelovigen zijn." "Ik ben een christen omdat ik een uitgever van de Bijbel ben." "Ik ben

---

65 *The Highway to Heaven*. T.B. Joshua, de SCOAN zondagdienst op 29 jul 2012

DE SNELWEG NAAR DE HEMEL

een christen omdat ik overtuigd ben dat Jezus de Zoon van God is." Het probleem dat ik heb met deze antwoorden is dat ze niet de enige reden noemen die iemand kwalificeert als een christen.

Hier is de uitdaging. Je kunt naar de kerk gaan en geen christen zijn. Je kunt de Bijbel lezen en geen christen zijn. Je kunt slechte gewoonten elimineren en proberen om een moreel persoon te zijn en toch geen christen zijn. Al deze gewoonten zijn goed, maar de handelingen alleen maken van een persoon geen christen.

Wie is dan een christen? Een christen is een persoon die door God is vergeven door het volbrachte werk van Jezus Christus aan het kruis, zoals het boek Titus 3:3-6 zegt. We zijn christenen dankzij het volbrachte werk van Jezus Christus aan het kruis. De mens is een zondaar die tekort is geschoten aan Gods standaard. God kwam naar de aarde in de persoon van Jezus Christus, stierf voor ons en betaalde voor onze zonde. Door ons geloof in Hem, ontvangen we Zijn gerechtigheid, en we ontvangen Zijn vergeving van onze zonden en het geschenk van eeuwig leven.

Jezus stierf aan het kruis voor jou en voor mij. Hij stierf voor ons. Hij heeft ons lief, en als we ons hart openen vergeeft Hij ons. Laat me je meenemen naar het boek Handelingen van de apostelen, hoofdstuk 16 vers 30 en 31. Dit gaat over een gevangenisbewaker die aan apostel Paulus de belangrijkste vraag stelde: "Wat moet ik doen om gered te worden?" Paulus antwoorde: "Geloof in de Heere Jezus en je zult gered worden." Hier is het punt: Een christen zijn gaat niet om wat je doet; het gaat om wat Christus Jezus heeft gedaan. Hij heeft ons lief, Hij stierf voor ons, en Hij vergeeft ons wanneer we onze harten openen om te geloven.[66]

GEBEDEN VAN TOEWIJDING

Als je de Heere Jezus nog niet kent, of als jij je leven opnieuw aan Hem wilt toewijden, dan kun je dit gebed bidden:

Heere Jezus, ik heb U nodig.
Ik ben een zondaar.
Kom in mijn hart;
Was mij met Uw kostbaar bloed.

---
66 *What is a Christian?* Preek van T.B. Joshua, Emmanuel TV 12 apr 2020

> *Red vandaag mijn ziel.*
> *In de Naam van Jezus Christus.*

Als jij je onderworpen hebt aan Gods wil en je wilt meer weten van Zijn richting voor jouw leven, dan kun je bidden:

> *Heere Jezus, ik heb me overgegeven aan Uw wil*
> *Ik ben er klaar voor om te gaan waar U wilt dat ik heenga*
> *Te zeggen wat U wilt dat ik zeg*
> *Te zijn wie U wilt dat ik ben*
> *Ik ben er klaar voor, Heere; Ik ben er nu klaar voor!*
> *De tijd is kort – de wereld komt tot een eind*
> *Ik wil mijn tijd niet verspillen*
> *Vertel mij wat ik zou moeten doen*
> *Geef mij Uw bevelen*
> *Ik beloof om mijzelf te onderwerpen aan alles wat U van mij verlangt*
> *En om alles te aanvaarden wat U toestaat dat er met mij gebeurt*
> *Laat mij alleen Uw wil kennen*

T.B. Joshua heeft ook aangemoedigd dat nieuwe gelovigen op zoek gaan naar een levende kerk en daar betrokken te zijn. Maar denk eraan dat de essentie van de ware kerk Christus in jou is, de hoop op heerlijkheid. Op de dag van het oordeel zal de vraag niet zijn wie er in deze kerk of die kerk heeft aanbeden, of wie een bisschop of pastor of profeet is, maar wie God in geest en waarheid heeft aanbeden (Johannes 4:24). De toestand van je hart is waar het om gaat.

Je moet jezelf deze vraag stellen: Leef jij iedere dag alsof het je laatste is?

Hoe gebruik jij je leven? Hoe besteed jij je leven? Want de beste manier om je leven te gebruiken is om het te besteden aan iets dat verder zal leven. Hou bijvoorbeeld iedere dag nog meer van iemand. Als je rond je heen kijkt zal je iemand zien die iets nodig heeft wat jij bezit – jouw liefde, jouw hulp, jouw kracht, jouw tijd, jouw glimlach, of jouw woord van bemoediging om hen op het rechte pad te leiden.

Ons hart gereed te houden voor Zijn heilig Aangezicht en te antwoorden wanneer Hij roept – dat is onze taak.

Leef iedere dag alsof het je laatste is en op een dag zal je gelijk hebben.

Nawoord

T.B. Joshua was was een profeet van onze tijd die het Woord van God onderwees en overtuiging bracht – overtuiging van zonde en de noodzaak om serieuzer te worden over het volgen van God. Verder gaf hij de zekerheid dat God echt is en dat Jezus Christus spoedig terugkomt.

Het Woord van God domineerde zijn denken, zoals terug te zien was in de manier waarop hij omging met tegenspoed en tegenstand aan het Evangelie. Kalm zou hij zeggen: "Ik zie de dingen anders", en zijn woorden bevorderden de vrede.

Er zijn altijd zulke vaders in de Heere geweest, die in hun eigen tijd non-conformistisch (en dus controversieel) zijn, maar wier geestelijke nalatenschap het potentieel heeft om toekomstige generaties te vormen.

Er is vandaag de dag in het christendom een drukkende noodzaak voor het samenbrengen van de effectieve toepassing van het Woord van God en het betonen van de Heilige Geest in kracht. Wij hebben hier de afgelopen twee decennia consistent bewijs van gezien.

T.B. Joshua had duidelijk aangegeven dat hij nog niet gearriveerd was; hij bleef doordrukken om meer van God te ontvangen, en wie weet wat de toekomst zal brengen?

"Voorwaar, voorwaar, Ik zeg u: Wie in Mij gelooft, zal de werken die Ik doe, ook doen, en hij zal grotere doen dan deze, want Ik ga heen naar Mijn Vader." (Johannes 14:12)

Door de jaren heen had hij er geen geheim van gemaakt dat zijn verlangen was om mensen in de bediening verder te zien gaan dan hij had gedaan. Hij heeft zijn leven uitgegoten in het mentorschap aan andere mensen:

> "Hoe vreemd en toch volledig waar; de zwakken gevuld met de kracht van God die het werk van de Vader zullen doen!"

Voor hen wiens levens gecentreerd zijn in Christus Jezus moet het beste altijd nog komen!

Over de auteurs

Gary en Fiona Tonge werden eind jaren vijftig geboren in Engeland. Tegen 1973, toen de 'Jezus beweging' een golf van vernieuwing bracht, ervaarden ze beiden een ontmoeting met Jezus Christus die radicaal de richting van hun levens veranderde. Een actieve rol op zich nemend in het kerkleven als oudsten, leekpredikers en jeugdleiders, hadden ze het voorrecht om in de jaren negentig en begin 2000 rond te reizen in verschillende delen van de wereld en het bewijs van de kracht van God te zien in genezing en bevrijding.

Gary behaalde een diploma in Elektronica met eervolle vermelding en een doctoraat in Wiskunde van de Universiteit van Southampton. Hij genoot een succesvolle carrière en toen hij begin 30 was trad hij toe tot de raad van bestuur van de Britse Onafhankelijke Televisie Commissie (ITC), waarna hij zich vanaf 2004 ging toeleggen op consultancy en christelijk vrijwilligerswerk. Hij is al meer dan 35 jaar beëdigd ingenieur en lid van de Koninklijke Academie van Engineering en van het Instituut van Engineering en Technologie.

Fiona is een voormalig verpleegster met een recent postgraduaat diploma in Internationale Rampen Management van de universiteit van Manchester.

De afgelopen twee decennia reisden zij voor T.B. Joshua als onderdeel van Emmanuel TV teams over de hele wereld om Evangelie-evenementen in stadions voor te bereiden en om humanitaire projecten te coördineren.

www.ingramcontent.com/pod-product-compliance
Lightning Source LLC
Chambersburg PA
CBHW070425120526
44590CB00014B/1535